心一堂術數古籍珍本叢刊

書名：增補高島易斷（原版）附虛白廬藏日本古易占五種（六）
系列：心一堂術數古籍珍本叢刊　占筮類　第三輯　248
作者：【日本】高島吞象 等、【清】王治本中譯
主編、責任編輯：陳劍聰
心一堂術數古籍珍本叢刊編校小組：陳劍聰　素聞　鄒偉才　虛白廬主　丁鑫華

出版：心一堂有限公司
通訊地址：香港九龍旺角彌敦道六一〇號荷李活商業中心十八樓〇五—〇六室
深港讀者服務中心：中國深圳市羅湖區立新路六號羅湖商業大厦負一層〇〇八室
電話號碼：(852)9027-7110
網址：publish.sunyata.cc
電郵：sunyatabook@gmail.com
網店：http://book.sunyata.cc
淘寶店地址：https://sunyata.taobao.com
微店地址：https://weidian.com/s/1212826297
臉書：https://www.facebook.com/sunyatabook
讀者論壇：http://bbs.sunyata.cc/

版次：二零二一年五月初版
平裝：八冊不分售

定價：港幣　一仟六百八十元正
　　　新台幣　六仟九百八十元正

國際書號：ISBN 978-988-8583-91-1

香港發行：香港聯合書刊物流有限公司
地址：香港新界荃灣德士古道二二〇—二四八號荃灣工業中心十六樓
電話號碼：(852)2150-2100
傳真號碼：(852)2407-3062
電郵：info@suplogistics.com.hk
網址：http://www.suplogistics.com.hk

台灣發行：秀威資訊科技股份有限公司
地址：台灣台北市內湖區瑞光路七十六巷六十五號一樓
電話號碼：+886-2-2796-3638
傳真號碼：+886-2-2796-1377
網絡書店：www.bodbooks.com.tw
台灣秀威書店讀者服務中心：
地址：台灣台北市中山區松江路二〇九號一樓
電話號碼：+886-2-2518-0207
傳真號碼：+886-2-2518-0778
網絡書店：http://www.govbooks.com.tw

中國大陸發行　零售：深圳心一堂文化傳播有限公司
深圳地址：深圳市羅湖區立新路六號羅湖商業大厦負一層〇〇八室
電話號碼：(86)0755-82224934

心一堂微店二維碼

心一堂淘寶店二維碼

五行易指南卷之五

虎門　鼓缶子　述

養人

養人ノ占法妻婢奴僕ハ妻財ヲ用神トシ他人ノ子ヲ得テ繼嗣トスルハ子孫ヲ用神トシ其他流浪ノ人ヲ養ヒ難アルノ人ヲ匿スノ類ハカ子テ交ル所ノ分ヲ以テ用神トス朋友同学ハ兄弟ヲ用ヒ尊長師匠ハ父母ヲ用ヒ婦女ハ妻財ヲ用ルノ類ナリ

△用爻發動スルハ其人永クトヽマラス○用爻旺相シテ身世ニツクカ又ハ世爻ヲ生合スルハ大吉トス○用爻ヨリ世爻ヲ生合スルハ其人心ヲ用ヒ力ヲ竭ス○用爻世身ヲ冲克

スルハ其人心服セス○用爻重疊大過スルカ又ハ空亾ニアフハ其人反覆不實ニシテイタツラ心アリ○用爻墓ニ入ルハ其人慵懶トス○用爻衰弱氣ナク或ハ空亾ニアヒ或ハ絶ニアフハ其人ラチアカヌモノトス○用爻衰弱ニシテ日辰動爻ニ刑克セラレテ救フ者ナケレハ短命トス○用爻発動シテ空亾ニ化スルハ其人始ヨロシク後アシヽ○用爻青龍ヲ帯ヒ発動シテ子孫ニ化シテ世爻ヲ生合スルハ其人篤實忠信ニシテ金銀ヲ託スルトモヨク守リテ利ヲ主人ニ皈ス○用爻螣蛇ヲ帯ヒテ発動シテ官鬼ニ合スルハ其人智謀アリトイヘトモ奸詐不實トスモシ婦人ハスヘテ貞潔ナラス○用爻玄武ヲ帯テ兄弟ニ化スルハ其人貪欲甚シク好色深シ○

合處逢沖ハ始吉ナルカ如ク終甚凶トス○妻婢ヲ占フニ妻財発動シテ子孫ニ化スルハ小児ヲツレ来ルヿアリモシ妻財ハ世爻ヲ生合シテ化出ノ子孫ハ世爻ヲ刑克スルハ其婢妻ハ吉トイヘ𪜈其子頑劣ニシテ使フベカラス

△月建日辰動爻変爻等ヨリ世爻ヲ克スルハ其人ヲ養フヘカラス世爻衰フルノ時ニ至リテ害アルヿアリモシ月日動変ノ生扶合助アルハ吉トス○世爻発動スルハ我ノ心改マリテ成ラサルヿアリ○世爻兄弟ヲ持スルハ金銭ヲ費スヿアリモシ婢妾ヲ養フハ其力ヲ得ス殊ニ凶神ヲ帯ヒテ旺相発動スルハ必破財アリ又人心離ルヽヿアリトス○世爻兄弟ヲ持スルハ金銀ニ乏クシテ事成ラサルヿアルヘシ○世

爻官鬼ヲ持スルハ我ノ心ニ猶豫シテ决シカヌルヿアル故ニ成リ難キヿアリ○卦身ヲ占フ所ノ事ノ体トシ人ノ身トス世爻ヨリ生合スルハ其人ヲ罷用スルトス○世爻卦身ト相合シ相生シ比和スルハ吉相克シ相冲シ相刑スルハ凶○婢僕ヲ養フヿヲ占フニ應ヨリ世ヲ生スルハ事成リ易シ世ヨリ應ヲ生スルハ事成リ難シ○應爻発動シテ世爻ヲ生合スルハ更ニ成リ易シモシ合處逢冲カ又ハ克ニアフ寸ハ人アリテ妨ルトス何人ナルヿヲシラント欲セハ合ヲ冲シ或ハ克スルノ爻ノ五類ヲ以テコレヲ推スヘシ○世應相冲剋スルハ事成リ難シモシ日辰動爻ノ生扶合助アルハ貴人ナトノ世話アリテト、ノフヘシ

△兄弟発動スルハ破財口舌トス又或ハ虛詐アルヿアリ故ニ安静ニ利シ○兄弟官鬼トモニ発動スルハ後日ニ至リテ口舌訴訟等アリモシ合住ニアフトモ後日利シカラス○兄弟官鬼トモニ発動シテ應爻ヨリ世爻ヲ克スルヿアルハ謀ヲ以テ欺キ偽ルヿアリ○兄弟官鬼トモニ発動シテ世爻ヲ克シテソノ上應爻ヨリモ世爻ヲ刑克スルハタトヒ間爻ヨリ世爻ヲ生合スルヿアリトモ實意ニアラスシテ謀ヲ合スルトシルヘシ

△官鬼発動スルハ禍アリ或ハ疾病トス○卦中ニ官鬼両爻アリテ発動シテ又父母両爻アリテトモニ発動スル寸ハソノ叓両方ニカヽリ合アルトシルヘシ○官鬼空亡ニアフテ発

動シテ應爻ト合スルハ主ヲ欺キテ金銭ヲ貪ル類ノヿヲ謀ルヿアリ

△父母ヲ證文請状トシ又受合ノ人等トスモシ卦中ニ父母爻ナケレハ主タチテ引請世話スル人ナキヿアリモシ変出ノ爻ニ父母アル寸ハ他ヨリ立入テ世話スルヿアルヘシ○父母発動シテ兄弟ニ化スルハ其支体不實多ク證文等ニモ僞ナトアルカ又卦中ニ父母爻ナクシテ兄弟爻変シテ父母トナルモ亦然リ

△間爻ヲ口入世話人トスモシ兄弟又ハ官鬼ヲ持シテ発動スル寸ハ中ニ立テイタツラアリトシルヘシ○間爻ヨリ世ヲ生シ或ハ合スルハ中人我ニ向フテ勸ムルトス其人ヲシ

ラントナラハ五類ヲ以テコレヲ推スヘシ○間爻ニ爻𪜈ニ
空亡ニアフハ中ニ立入ル者ナシ別ニ人ヲタノムヘシ
△應爻空亡ニアフハ彼ノ意ニ欲セスウケカワストス力ヲ
竭ス𪜈無益ナルヘシ
△凡其人ノ性情才器ヲ察セント欲セハ別ニ一卦ヲ起シテ
八卦五類六神五行ヲ以テ断スヘシソノ法ハ卦ハ乾ヲ剛ト
シ大志トシ慈トシ坤ヲ柔順トシ遅拙トシ阿ネルトシ震ヲ
躁トシ正直トシ暴戾トシ巽ヲ伶俐トシ猶豫トシウワキト
シ坎ヲ巧トシ奸曲トシ離ヲ明知トシ烈シトシ艮ヲ篤實ト
シ静トシ訥トシ兌ヲ佞媚トシ辯口トス○六親ハ父母ヲ智
慧才能トシ子孫ヲ善良忠實トシ官鬼ヲ强梁我慢トシ妻財

ヲ藝能器用トシ兄弟ヲ詭詐奸謀トス○六親ハ青龍ヲ喜悦慈仁トシ朱雀ヲ文華能辯トシ勾陳ヲ遲鈍忠實トシ騰蛇ヲ輕浮虛躁トシ白虎ヲ武怒刻薄トシ玄武ヲ奸計隱密トス○五行ハ木ヲ慈仁トシ柔懦トシ火ヲ急敏暴烈トシ土ヲ信實トシ愚劣トシ金ヲ剛決トシ強橫トシ水ヲ智巧トシ陰賊トス○凡六合ノ卦ハ男子ハ才敏ニシテ人ニ親マル、ユヘ吉トス婦人ハ貞潔ナラサルヿアリ六冲ノ卦ハ男子ハ遲鈍ニシテ人ニ踈マル、ヿアリ婦人ハ貞實ナルヿ多シ

家宅

家宅ノ占法第二爻ヲ宅舍トシコレヲ宅爻ト云ヒ第五爻ヲ住居スル人トシコレヲ人爻ト云又二爻ニ合スルヲ門トシ

二爻ヲ冲スルヲ路トス合冲𪜈ニ卦中ニナシトイフ𪜈コレヲ以テ門トシ路トスタトヘハ天風姤卦二爻亥水ナルユヘ寅ヲ門トシ巳路トス姤ノ卦中ニ寅巳ノ二爻𪜈ニナシトイヘ𪜈レヲ用ユ其他六爻上下ノ位ニ属スル五行五類六神等ヲ察シ又住居スル人ノ本命ヲ考ヘテ吉凶ヲ推スヘシ

△大凡家宅ノ占尤重スル者ハ宅爻人爻ナリスヘテ宅爻ヨリ人爻ヲ生スルハ吉克スルハ凶人爻ヨリ宅爻ヲ克スルハ吉生スルモ凶ニアラス○宅爻発動シテ世爻又ハ卦身ヲ生スルハ近年ノ内ニ轉宅スルヿアリ○宅爻発動スルハ生克𪜈ニ新ニ造作スルヿアリ○大歳又ハ月建又ハ日辰宅爻ニツキテ父母官鬼青龍貴人ノ内何レニテモ帯ルハ官職アル高貴ノ家トス○大歳月建日辰ノ内何レニテモ宅爻ニツキ

妻財官鬼青龍貴人ノ内何レニテモ帯ヒテ世爻又ハ主人本命ノ爻ヲ生スルハ家内甚賑ハシトス○宅爻歳月日ノ三破ニアハスシテ歳月日又ハ動爻ヨリ生セラレ妻財爻旺相氣アルハ大ニ繁栄ス○世爻日辰トモニ同ク宅爻ヲ剋スルハ先祖不安トス○宅爻月破ニアフテ発動シテ世爻又ハ卦身ヲ剋スルハ禍絶ヘス○世爻ニ日辰ヲ持シテ発動シ宅爻ト同シキハ亥ノ日占フテ大過ヲ得丑ノ日占フテ明夷ヲ得ルノ類他人ノ住居ニシテ地代宿料ナトカヽルヘシ○宅爻ト世爻ト同シキカタトヘハ明夷ノ卦第二爻丑ニシテ世爻亦丑ナルノ類又ハ変卦ノ世爻ト同シクタトヘハ明夷ノ卦家人ニ変スルハ家人ノ世爻モ亦丑ナル類発動スルハ父祖ヲ離レテ別居スルトシ安爻ナルハ同シ處ニ分チテ居ルトス○應爻ニツキタル十二

支宅爻ト同シキハ他人ト同居スルコトアリモシ日辰コレニ同シキハカリノ住居トス○應爻ニツキタル十二支宅爻ト同シクシテ妻ノ本命ヲ生合スルハ他ノ人来リテ夫トナルコトアリ○兄弟宅爻ニツキ又ハ宅爻ニ合スルハ両家同居スルコトアリ○宅爻螣蛇ヲ帯ヒ木ヲ持シテ休囚ニアフハ甚貧シキ住居トス○宅爻玄武ノ爻ト合シ又沐浴ノ爻アリテ発動スルハ女人淫乱ナルコトアリ○宅爻空亡ニアヒソノ上ニ又主人本命ノ旬空タトヘハモ人甲子ノ歳ノ生レナレハ戌亥ヲ本命ノ旬空トスル類ニアフハ荒レ廃リタル處又ハ死絶ヘ或ハ逃去ルノ跡トス

△青龍発動シ空亡ニアハサルハ生旺スルハ新ニ造作スルトシ休囚スルハ修覆トス妻財ニツクハ勝手臺所父母ニツ

ク八坐鋪兄弟ニツクク八門戸子孫ニツクク八部屋官鬼ニツクハ表坐敷トス○青龍木爻又ハ水爻ニツキ妻財ヲ持シ氣アリテ夫ノ本命ヲ持スルハ妻ノ財物ヲ得ルトス○勾陳発動シテ玄武ノ妻財ヲ克スルハ妻死ス○白虎発動シ休囚墓絶ニアフハ久シキ住居ニテ破レタリトス○家内ノ人ノ本命玄武又ハ咸池ヲ帯ルハ酒色ニ耽ルトス○白虎発動シテ青龍ノ官鬼ヲ克スルハ夫死ス○年月日時トモニ白虎ニツクハ家内ニナ死亡スモシ子孫発動スルハ悲喜相半ノ象

△子孫妻財旺相生扶シテ宅爻又ハ人爻ニツキ或ハ卦身ヲ生シ又ハ世爻ヲ生スルハ其家繁昌ス○子孫内卦ニアリテ世爻ヲ生スルハ多ク金銀等ヲ得ルトス○子孫他官ニアリ

テ本命爻ノ下ニ伏藏スル十二支ト同ジキハ他ノ人ノ養子ト
スルヿアリ○本宮ノ子孫應爻ノ下ニ伏藏スル十二支ト同
シキハ我子ヲ他人ヘ養子ニスルヿアリ○子孫妻ノ本命ヲ
持シテ発動シ世爻ニツキテ日辰ヲ帯ルハ其妻嫁スル時ニ
子ヲ引キ来ル○子孫本命ノ旬空ニアフハ子ヲ得ルヿ遅シ
○子孫絶ニアフテソノ上刑克ヲウクルハ子育シ難キヿ多
シ○子孫アル宮ニ夫ノ命爻妻ノ命爻氏ニアリテ何レカ子
孫ニ合スルハ親類重縁又ハ近處懇志ノ妻縁トス
△妻財世ニツキ化シテ子孫トナルハ仕官ノ人ニハ不利○
妻財発動シテ父母休囚ニアフハ父母ヲ剋シテ凶○妻財日
辰ヲ持シ発動シテ夫ノ命爻ヲ克シ應爻ト合スルハ妻再縁

スモシ咸池ヲ帯ルハ妻ト外人ト夫ヲ殺スヲ謀ルモシ老陰ニ属スルハ未来ノ支ト用心アルヘシ○妻財應爻ト合シ咸池玄武ヲ帯ルハ妻ニ心アリ世爻日辰ヲ持シテ妻財應爻トヲ克スルハ夫見アラハス

一官鬼発動シテ世爻又ハ宅爻ヲ克スルハ禍災絶ヘス○官鬼発動シテ人ノ本命ヲ克スルヲ催屍煞トス凶○官鬼父母ニ貴人ヲ帯ヒテ世爻ニツキ日辰ヲ持シテ発動スルハ仕官ノ者轉役ノ喜アリ○官鬼白虎ヲ帯ヒテ発動スルハ其冲克ヲ受ル爻ヲ本命トスル人ニ害アリ○官鬼ニ貴人禄等ヲ帯ルハ出身スル人トス○官鬼本命ノ爻ニツキテ墓ニ入リ卦身凶神ヲ帯テ制克ウクルハ大凶ノ兆○年月日時皆官鬼

ニ臨ミテ世爻又ハ卦身又ハ本命ニツクハ哭アリ○官鬼ナケレハ兄弟ニ權アリ財物耗散ス但発動スルハヨロシカラス

△父母発動シテ子孫死絶ニアフハ子ヲ克シテ凶○父母應爻ニツキ発動シテ本命ノ爻ヲ生スルハ妾腹ノ子又ハ先妻後妻ノ子トス○卦身命爻旺ニ父母ヲ持スルハフタツ親ヲ見ルヘシ○父母空亡ニアヒ氣ナクソノ上應爻日辰動爻化シテ父母トナリテ宅爻ヲ生合スルハ地代宿料ナトカヽル住居トス

△兄弟発動シテ妻ノ命爻ヲ克シ或ハ兄弟夫ノ命爻ニツキテ発動スルハ後妻アルヘシ○兄弟日辰ヲ持シテ兄ノ命爻

ヲ克スルカ又ハ弟ノ命爻ヲ克スルハ兄弟不和トス
△世應圧ニ命爻ニアフハ両姓アリ○世爻應爻妻財ト三合會局ヲナシ又官鬼両爻アリテ妻ノ命爻ニ合スルハ両夫アルノ象○世應空亡ニアワスシテ相隔チソノ上妻財世爻ト相隔チテ空亡シテ冲ニアフハ其夫他郡他國ノ人トス○世爻発動シテ妻ノ命爻ヲ帯ルハ妻ト圧ニ妻ノ家ニツクヿアリ
△木性ノ人火ノ官鬼ヲ得火性ノ人土ノ官鬼ヲ得土性ノ人金ノ官鬼ヲ得ル類ハコレヲ本命助鬼ト云不吉モシ卦体ニ官鬼ヲ克シ本命ヲ生スルモノアルハ妨ケズ 木姓ニ火ノ官鬼ハ本命助鬼トスレ圧モシ水アル才ハ木性ヲ生シ火ノ官鬼ヲ克ス ○木性ノ人ハ金爻ヲ以テ官鬼

トシ土爻ヲ以テ妻財トス妻財多キハ吉ナルカ如シトイヘ𪜈官鬼ヲ助ル故ニ凶トス○木性ノ人ハ土ノ官鬼ヲ恐レス火性ノ人金ノ官鬼ヲ恐レスコレ我ヨリ制スル故ニ発動スル𪜈妨ケス○木性ノ人水鬼ヲ恐レス火性ノ人木鬼ヲ恐レスコレ我ヲ生スル故ナリ

△夫ノ身爻発動シテ妻ノ命爻ニアフハ妻ヲ早ク娶ル妻ノ身爻発動シテ夫ノ命爻ニアフモ早ク嫁ス○夫ノ身爻日辰ヲ持シ発動シテ妻ノ命爻ヲ刑スルハ夫ソノ妻ニ和セス○夫爻妻ノ命爻ヲ刑剋シ又ハ妻財ヲ刑剋シテ克ヲウクル妻財両爻アルハ夫両妻ヲ克スモシ夫ニ日辰ヲ帯ヒテ旁爻ノ妻財ニ合スルハ再娶トス○夫爻日辰又ハ動爻ト同シク三

刑羊刄等ヲ帯ヒテ妻ノ命爻ヲ克スルハ其妻ヲ殺スヿアリ○夫ノ命爻妻ノ本命禄星ニツキ妻タル人甲子歳ノ生レナレハ甲ノ禄ハ寅ニアリトスルノ類ヲ云生旺シテ氣アルハ夫タル人妻ノ養ヲウクルトスモシ羊刄旬空月破等ニアフハシカラス○命爻発動シテ妻ノ命爻ニ合スルハ妻ト氏ニ妻ノ家ニツクヿアリ○妻ノ命爻第五爻ニツキテ世爻ヲ生合スルハ夫ヲ助ケテヨク内ヲ治ムル妻トスモシ世爻ヲ沖克スルハ夫ヲ蔑シ又ハ夫ノ家ヲ破ル○妻ノ身爻日辰ヲ持シ発動シテ夫ノ命爻ヲ刑スルハ妻ソノ夫ニ和セス○妻ノ命爻夫ノ身爻ヲ沖シ又ハ夫ノ命爻妻ノ身爻ヲ沖スルハ夫婦不和○妻ノ命爻玄武咸池ヲ帯ヒテ應爻ト合スルハ妻ニ心アリ夫爻日辰ヲ持シテ妻又ハ

應爻ヲ克スルハ見アラハスヘシ○妻ノ命爻日辰ヲ帯ヒ発動シテ夫爻ヲ克シ應爻ト合スルハ妻再嫁スモシ咸池ヲ帯ヒテ夫ノ身爻命爻ヲ克スルハ他人ト𪜈ニ夫ヲ殺スヿヲ謀ルモシ老陰ナレハ未来ノヿトス用心スヘシ○妻ノ命爻月破ニアヒ兄弟白虎ヲ帯ヒテ発動スルハ夫ノ家ヲ破ル○夫ニテモ妻ニテモ命爻ニ合スル爻官鬼ヲ帯ルハ婚姻明ナラストス○子ノ命爻第五爻ニツキテ世爻ヲ生合スルハ父ニ代リテヨク家ヲ治ムル子トスモシ世爻ヲ沖克スルハ悖逆不肖ニシテ父ノ業ヲツクヘカラス○第二爻ヲ婦《ヨメ》トス姑ノ命爻ト相刑シ相沖スルハ不孝トス生合スルハ孝順トス○世爻身爻ト日辰又ハ動爻ト同シ十二支ニテ𪜈ニ命爻ヲ生

スルハ雙胎《フタゴ》アリ○身命絶ニアヒ又空亡ニアヒ官鬼ヨリ身命ヲ克スルヿアルハ死亡ノ禍アリ○用神死絶ニアフテソノ上日辰動爻忌煞凶神ヲ帯ビテ克セラル丶カ又ハ本命ヲ克セラル丶ハ死亡ノ禍アリ○男ノ命爻　発動シテ女ノ命爻ニ合シソノ上女ノ命爻発動シテ男ノ命爻ニ合スルハ淫乱ノヿアリモシ夫婦ナレハ密通シテ後ニ娶ルトス○何レニテモ命爻ニ玄武咸池ヲ帯ルハ酒色ニ耽ルトス

△年月日凶神ヲ帯ビテ世爻又ハ卦身又ハ命爻ヲ克スルハ家内ノ人ニ禍アリ大歳ハ一年ノ禍月建ハ数月ノ災トス○年月日ノ三破ニアフハ頽破トス兄弟ハ門戸墻垣子孫ハ部屋妻財ハ勝手父母ハ坐敷官鬼ハ表坐敷トス

△三刑羊刃二ツ𠀋ニ全クシテ身ヲ克シ官鬼ニ臨ムハ刑罰ニアフカ又ハ刃傷ノヿアリ玄武刼殺ヲ帯ルハ盗賊トシ世爻日辰ヲ持シ又ハ動爻ト同シクシテ應ヲ克スルハ我他人ヲ殺ストシ應爻日辰ヲ持シ又ハ動爻ト同シクシテ世ヲ克スルハ他人我ヲ殺スモシ子孫発動スレハ凶中ニ吉アルヿアリ

△土爻化シテ金爻トナリ金爻化シテ土爻トナルハ新ニ地形ヲコシラヘルトス

△初爻土ニ属スルハ地形トス月日ノ冲破ニアフハ窪ミ破レユルミ等アリ○初爻水ニ属スルハ井トス子孫妻財ヲ持スルハ吉官鬼ヲ持シ又ハ忌神ニアフハ凶○初爻水ニ属シ

テ白虎ヲ帶ルハ橋アルヿアリ子孫妻財ヲ持スルハ吉冲ニアフハ破ル○初爻水ニ屬シ玄武ヲ帶ルハ溝堀アルヘシ○初爻木ニ屬シ官鬼ヲ持スルハ家近キ處ニ樹木アリテ其根地形ノ下ニ入ルヿアリ○初爻寅ニ屬シテ吉神ヲ帶ルハヨキ貓アリテ鼠ヲ捕ル○初爻酉ノ爻ト生合シ又ハ刑冲克害スルハ雞又ハ凡ノ畜鳥ノ吉凶ヲ推スヘシ○初爻ニ官鬼父母白虎等ノ発動ナキハ小児平安トスモシ此等ノ忌神発動スルハ小児災アリ○初爻ニ鬼墓ヲ持スルハ鬼墓トハ官鬼ノ墓爻ヲ云申酉ノ官鬼ハ丑ヲ鬼墓トシ寅卯ノ官鬼ハ未ヲ鬼墓トスルノ類ヲ云近邊ニ古キ墓アルヿアリ

△第二爻木ニ屬シテ官鬼ヲ持スルハ竈ノ上ニ横梁アルヘシ○二爻木ニ屬シテ金日金爻ヨリ冲セラルヽハ鍋盞破ル

○二爻三合會局シテ金ヲ成シテ冲セラル丶ハ竈ニ破鍋アリ○二爻火ニ屬シ官鬼ヲ持シ朱雀ヲ帶ルハ火災アリ○二爻土ニ屬シ金ニ化シ又ハ金ニ屬シテ土ニ化スルハ新造作アルヘシ○二爻父母ヲ持スルハ五行ノニ何レニテモ興ヘ堅數トス旺相安靜ハ吉休囚破剋ニアフハ破レ漏ル○二爻子孫妻財ヲ持シ旺相有氣ハ其家富饒豐足スモシ休囚破剋ニアフハ其家甚貧シ○二爻世ヲ持シ官鬼ヲ帶ルハ其家必先祖ノ傳來ニアラス○二爻戌ノ爻ト生克合冲スルハ家ニ畜フ犬ノ吉凶ヲ推スヘシ子孫妻財ヲ持スルハ吉忌煞ヲ持スルハ凶○應爻二爻ト同シ十二支ニアフハ他人ト同居スルヿアリ

△第三爻兄弟ヲ持スルハ門戸トスモシ卯爻ノ兄弟ナル時ハ門戸トセズ牀ヲアケ或ハ二階作リトス子孫妻財ヲ持スルハ美シトスモシ騰蛇官鬼ヲ帯ルハ其婦女意外ニ驚クヿナトアリ○三爻官鬼ヲ持スルハ祠堂トスモシ金爻ノ官鬼ナレハ祭器破損スモシ木爻官鬼青龍ヲ帯ヒテ旺相スルハ神主祭器美シトス○三爻モシ日月又ハ動爻ニ冲克セラルヽハ其家小門ヲ通用シテ本門ヲ出入セス○三爻モシ第四爻ニ発動シテ冲克セラルヽハ門戸ト門戸ト相向フテ其間ヲ通行スルヿナトアリ○三爻四爻𪜈ニ兄弟ヲ持スルハ其家ハ少ク門戸多ク金銀耗散スルノ象

△第四爻兄弟ヲ持スルハ戸トスモシ第二爻ト合スルハ動

静𪜈ニ大門トス○四爻兄弟ヲ持ストイヘ𪜈玄武ヲ帯ルハ戸トセス池水アリテ浸スヘシモシ二爻ヲ冲克スルハ家居ニサヽハル○四爻兄弟ヲ持ストイヘ𪜈騰蛇ヲ帯ルハ戸トセス隣家ノ雪隠又ハ土トリ穴ナト障リトナルコアリ○四爻官鬼ヲ持シ玄武ヲ帯ルハ門破レ又ハ見クルシ○四爻官鬼ヲ持シ朱雀ヲ帯ルハ訟アリ○四爻青龍ヲ帯ヒ妻財子孫ヲ持シテ二爻ト生合スルハ門新ニシテ美シ○四爻日月又ハ動爻ノ冲克ニアフノ小門ヲ通用シテ大門ヲ出入セス○四爻旬空又ハ月破ニアフハ大門ナキカ又ハ門破ルヽトス

◎第五爻ヲ人トス二爻ヲ克スルハ家内安穏然レ𪜈発動シテ克スルハヨロシカラス○五爻ヲ宗領ノ子トスモシ官鬼

ヲ持シテ白虎騰蛇ヲ帯ルハ宗領ニ障リアリ○五爻モシ白虎ノ爻ニ発動シテ刑冲克害セラルヽハ其家痼疾驚風ヲ患ルモノアリ○五爻陰爻ニシテ世ヲ持スルハ其家婦人家事ヲ主トル○五爻妻財ニシテ世ヲ持スルハ其人入聟トナルコトアリ○五爻モシ二爻ニ冲破克害セラルヽハ夫婦恩情ナシ○五爻水ニ属シテ二爻ト生合シ又ハ世爻ト生合スルハ近邊ニ水アリモシ兄弟ヲ持スルハ垣ノ内ニ穴ナトアリテ障リトナルコトアリ○丑ノ爻発動シテ五爻ヲ克スルカ又ハ五爻ト相刑克スルハ牛ヲ畜フニ不利

△上爻妻財ヲ持スルハ奴僕トスモシ旬空月破ニアフハ奴僕用ニタヽズ○上爻日辰又ハ卦中ノ爻ニ冲セラルヽハ奴

僕逃亡スルヿアリ○上爻父母ヲ持スルハ祖父母等トスモシ陽爻ニシテ木ニ属スルハ祖輩トセス棟梁トス陰爻ニシテ木ニ属スルハ庭柱トス其生剋合冲等ヲ以テ吉凶ヲ断ス○上爻父母ヲ持シテ土ニ属スルハ墻垣トス○上爻ニ官鬼ヲ持シテ朱雀ヲ帯ルハ女人癲癇ヲワヅラフヿアリ○上爻卯木ヲ持スルハ籓籬トス生剋合冲ヲ以テ吉凶ヲ断スモシ卯木空亡ニアフハコレマテ籓アリシトスモシ発動シテ世ヲ剋スルハ凶生合スルハ吉○上爻ニ酉金ヲ持シテ月日又ハ動爻ニ冲セラル丶ハ其家破鍋アリ○上爻モシ鬼墓ヲ持スルハ墓地トス○上爻ニ卦身又ハ世爻アルハソノ人父祖ノ家ヲ離レテ新ニ家ヲ成ス

種作并田圃

種作ノ占法ハ妻財ヲ五穀并スヘテ種ルモノトシ官鬼ヲ災禍トシ應ヲ天トシ世ヲ地トシ又作人トスモシ田地ヲ占フハ父母ヲ以テ用神トス別ニ一卦ヲ起シテ断スヘシ

△妻財爻発動スルハ官鬼ニ氣アリテ損耗アリ故ニ安静ヲ吉トス但子孫ニ化スルハ発動トイヘ𪜈吉トス○妻財旺相シテ子孫ニ化スルハ豐熟トス○妻財旺相ニ臨ムハ時ヲイソキテ作リ收メヲナスヘシモシ遅ケレハ收納少シ○妻財重疊大過スルハ多ク土ヲカケルニ利シカラスモシ兄弟動カスシテ子孫発動スレハ多ク土ヲカケルホト宜シトス○妻財卦中ニ現セス又ハ空破墓絶ニアヒ或ハ休囚氣ナキハ

皆凶○動爻妻財ニ化スルハ吉
△子孫旺相発動スルハ吉○子孫発動シテ官鬼ニ化スルハ始ハ茂リテ終ハ空虚ス○子孫世爻卦身ヲ持シテ妻財ニ刑克ナキハ其物收納多シ○子孫空亾ニアフハ損耗アリ
△兄弟発動スルハ豊熟セサルカ又ハ種夫食等ニ乏シモシ子孫モ亦発動スルハ貪生忘克トス却テ全熟トス○兄弟発動シテ妻財ニ化スルハ始ニ損傷アリトイヘ𪜈後ニ吉トス
△父母発動スルハ辛勤苦労ス收納モ減スヘシ○父母発動シテ妻財又ハ子孫ニ化スルハ辛苦スレハ收納多シ
△官鬼木ニ属シテ発動シテ世身ヲ克スルハ風ニ妨ケラルモシ水爻ニ化スルカ又ハ水爻ト同ク発動スルハ大風海漲《ツナミ》

洪水等ノ災アリモシ発動セサルハミノリヨロシカラスモシ又子孫発動セス妻財休囚氣ナクシテ木爻ノ官鬼ニアフハ花アルノミニテミノラズ○官鬼火ニ屬シ旺相シテ発動スルハ水ニ事カクヘシモシ世爻又ハ卦身ヲ刑冲克害スレハ苗枯ル制スルモノアラハ妨ケス○官鬼土ニ屬シテ発動スルハ水旱ト、ノハス又ハ村郷ニ障アルカ又ハ不熟トス

○官鬼金ニ属シ発動シテ世爻卦身ヲ克スルハ虫ツキノ災アリモシ世爻卦身ヲ克セスシテ妻財安静旺相スルハ害ヲナサス○官鬼水ニ屬シ旺相シテ発動スルハ苗朽トスモシ月日動爻ヨリ生扶アルすハ洪水ニ流サル、○官鬼子孫ニ化スルハ先ニ傷損アリテ後ニハ意ノ如クナルヘシ○官鬼

二爻ニアルハ春作ニ障アリ五爻ニアルハ秋取ニ障アリ
△田畑ヲ占フハ別ニ一卦ヲ起シテ父母ヲ以テ用神トスモシ父母外卦ニアルハ其田高キ處ニアリ内卦ニアルハ低シ生旺スルハ肥田トシ墓絶ニアフハ瘠田トス木ニ属スルハ田形長シ土ニ属スルハ田形短シ大ニ属スルハ乾キ地トシ水ニ属スルハ濕地トシ金ニ属スルハ沙地トス日辰ヨリ冲克スルハ人ノ欲セサル田地トシ生合スルハ上田トス○父母乾宮ニアルハ下卦ニアリトイヘトモ地高キ處トス○父母兌宮ニアルハ其邊ニ用水堀アルカ又ハ池沼ナトニ近シトス○父母離宮ニアルハ旱ニアフテ水不自由ナル處トス○父母震巽ノ宮ニアルハ其邊ニ樹木アリ○父母坎宮ニアル

ハ江河ノ近邊ナルヘシ〇父母艮宮ニアルハ山ニ近キ田地ナルヘシ〇父母坤宮ニアルハ村里ニ近キ田地トス〇父母陽卦ノ陽爻ニアルハ或ハ公義ノ田地ナルヘシ〇父母化シテ子孫又ハ妻財トナルハ善地ニシテ堺堀等モ明白トス價モ高シ〇父母化シテ兄弟トナルハ價賤ク又堺モ明白ナラス或ハ他人ノ田地ト入組テアルカモシ卦身ニツクハ寄合ニ作ル田地ナルヘシ〇父母化シテ官鬼トナルハ悪田トス〇父母安靜ニシテ衰弱ノ動爻ヨリ冲セラルヽハ新ニ開発スルノ田地トス〇父母衰弱ニシテ発動スルモ亦新発ノ田トス〇父母大歳又ハ月建ヲ持スルハ父祖傳来ノ田地トス〇父母世爻ニツキテ発動スルハ其田地ニ改メ変スルヿア

リ○父母空亡ニ化スルカ又ハ空亡シテ應爻ニ合スルハ他ヘ賣渡スヿアルヘシ○父母空亡ニアフハウヘ付ケ成リ難キ田地カ又ハ己ニ物成ヲ收ムルヿナラサル田地トス○卦中ニ父母兩爻アルカ又ハ化出シテ兩爻アルカ又ハ卦身兩爻アルハ皆兩處ノ田地ヲ耕ストス○日辰又ハ動爻ヨリ父母ヲ沖克スルハ其田平ナラス或ハ牛馬又ハ往來ノ人ノフミアラシタル田地ナルヘシ○卦中ニ父母ナクシテ世爻化シテ父母トナルハ自己ノ手ニテトリタル田地トス○卦中ニ父母ナクシテ妻財化シテ父母トナルハ妻ノ化粧料ニ附ケ來ル田地トス○卦中ニ父母ナクシテ兄弟化シテ父母トナルハ寄合ニ作ル田地トス○卦中ニ父母ナクシテ官鬼化

シテ父母トナルハ公義ノ田地トス○卦中ニ父母ナクシテ應爻化シテ父母トナルハ他人ノ田地トス○官鬼両爻アリテ出現スルカ又ハ官鬼應爻ニツキテ発動シテ世爻ニ合スルカ又ハ日辰官鬼ヲ帯テ世爻ト合スルカ又ハ兄弟ニ合セラレ併セラルハ皆寄合ノ耕作トスルヿアリ○入作ノ田地ヲ占フニ父母出現スルハソノ卦宮ニヨリテ何人ノ田地ナルヿヲ知ルヘシモシ伏藏スルハ兄弟ノ下ニアレハ鄰家組合等ノ田トシルノ類モシ動爻変メ父母トナルハ動爻ニヨリテシルヘシ妻財発動シテ化スルハ婦人ノ田地トスルノ類ナリ

△初爻旺相スルハ種沢山ニアリ空亾ニアフハ不足ス○四

爻旺相スルハ牛馬強シ空亡ニアフハ牛馬ナシ空亡トイヘ𪜈子孫ニ化スルカ又ハ丑爻午爻ニ化シテ應爻ト合スルハ人ノ牛馬ヲカリテ用ユルナルヘシ

養蠶

養蠶ノ占法子孫ヲ蠶トシ妻財ヲ絲繭トシ又桑葉ノ價トシ又養蠶ノ婦女トス

△子孫旺相發動シテ刑冲克害ナケレハ蠶苗盛ナリトス○子孫衰弱トイヘ𪜈日辰動爻ノ生扶拱合アルハ大吉○三合會局シテ子孫ヲナスハ大吉○子孫巳午ノ二爻ニツクハ大吉○子孫水ニ屬スルハ夏蠶ヲ養フニハ却テ吉○子孫安静出現シテ日辰又ハ動爻ニ冲セラルヽハワケル寸ニ損シソ

コ子ルコヿ用心スヘシ
△妻財ヲ緣繭トス旺相シテ生合アリ冲克ナケレハ緣繭多シ〇三合會局シテ妻財ヲナスハ大吉〇妻財休囚死絶ニアヒ又ハ日辰動爻ニ刑冲克害セラル、ハヨキ繭ナク又ヨキ緣ナシ〇妻財ヲ又養蠶ノ婦女トス大歲ヲ持スルハ功者ナル人トス子孫ニ化スルハ念ヲ入ル、トス父母ニ化スルハ不得手ニテナリ難シ官鬼ニ化スルハ病アリ兄弟ニ化シ又ハ墓絶ニ化スルハ災難アリ子孫胎ニツクカ又ハ子孫胎ニ化スルハ孕ムコアリ應爻官鬼ヲ持シテ妻財ト合スルハ其婦他人ト密通ノ情アリモシ冲克ニアフハ其事露顕ス
△兄弟卦身ニツクハ桑葉ヲ多ク費ス〇兄弟発動シテ世ヲ

冲克スルハ養ヒ手アテト、カズ絲ノトリ收メモ少シ○兄弟死絶ニアヒ又ハ空亡伏藏安靜ナルハ絲ヲ望ムノ占ニハ吉蠶ハカリヲ占フ寸ハ凶桑葉ノ價ヲ占フハ貴シ

△父母世爻卦身ニツクハ安靜トイヘトモ辛労セサレハナラス○父母発動シテ妻財ニ化スルハ吉○三合會局シテ父母ヲナスハ大凶○蠶室ヲ占フモ父母ヲ用神トス旺相生扶スルハ堅固トス死絶刑害ニアフハ破敗トス水爻自刑ヲ帯ルハ雨漏トス父母爻水ニ化シ水爻父母ニ化スルモ亦同シ

△官鬼発動シテ木ニ属スルハ窓障子戸口等ヨリ風入リテ蚕ヲ害ス○官鬼発動シテ火ニ属スルハ火災ノ用心アルヘシ然ラスハ大熱ニテ風イラサルニヨリテ害ス○官鬼発動

シテ土ニ属スルハ寒煖ノ加減アシク又ハ葉ヲカケルヿ均シカラスシテ眠起均シカラス又ハワケルヿ遅クシテ蚕泌ニ熱氣ヲ発シ蒸シテ害スルノ類○官鬼発動シテ金ニ属スルハ霧露アリテ蚕多ク死ス○官鬼発動シテ水ニ属スルハ濕《ヌレ》葉ヲ食フテ蚕瀉利ス○官鬼発動スルハスヘテ損耗アリモシ子孫ニ化スルハ妨ナシトイヘ𪜈驚クヿアリ○三合會局シテ官鬼ヲナスハ大凶○卦中タヘテ官鬼ナケレハ甚安平トス

△日辰ヨリ世爻卦身ヲ冲克スルカ又ハ應爻発動シテ克スルハ穢レタル人蚕室ニ入リテ蚕ヲ変壊スルヿアリ

六畜

六畜ヲ養フノ占法子孫ヲ以テ用神トシ妻財ヲ價トス
△子孫旺相氣アリテ空セサルハ育シ易ク又長ク養フヿヲ得○子孫休囚墓絶或ハ空亾ニアヒ或ハ卦中ニナキハ決シテ用ヲナサス畜フヘカラス○子孫旺相スルハ肥トシ休囚スルハ瘠トス発動スルハ強健トス○子孫世爻ヲ生合スルハ善ク擾《ナツ》キ又我ニ益アリ冲克スルハ性アシクナツカズ○子孫刑ヲ帯ルハ必破相アリ○子孫官鬼ニ冲セラル、モ亦病アリ○子孫爻日月動爻ヨリ並ニ刑克スルハ病死ス○畜類ヲ賣リ商フヿヲ占フニハ子孫発動スルハ子ヲ產ムヿ多シトス世爻ヲ生合スルハ賣レ易シ世爻ヲ冲克スルハ商ニナラス○子孫鬼墓ニ臨ムハ病アリ○子孫化シテ兄弟トナル

ハ食細ク口ヲゴルトス○子孫化シテ妻財トナルハ食粗ク口雜トス○子孫発動スルハ良畜トスモシ父母ニ化スルハ人コレヲ使フニイタワル心ナキユヘ害ヲナストス○子孫化シテ官鬼トナルハ後日人ニ盜マル、カ又ハ病死ス

△妻財ヲ力トシ又利トス旺相スルハ力強ク善ク走リ又利多シ休囚墓絕ニアフハ力弱ク利薄シ○妻財出現不空氣アリ世ヲ持シ世ヲ生合シテ兄弟官鬼ニ化セサルハ利アリ絕ニ化シ克ニ化スル類ハ利ナシ○妻財化シテ兄弟トナルハ人ノヤシナヒト、カズシテ飢ヲ致ス○妻財化シテ空亾ニアフハ暫時ヨロシクシテ久遠ノ用ヲナサス

△父母発動スルハ損傷アリソノ上子孫氣ナク絕ニアフハ

必死スヘテ辛労アリ
△兄弟発動スルハソタチ難シモシ子孫亦動ケハ養ヒ易ク亦利多シ○兄弟官鬼ト𪜈ニ発動スルカ又ハ官鬼化シテ兄弟トナルハ此畜ニヨリテ口舌アルヘシ
△官鬼発動シテ木ニ属スルハ結草《ナイラ》ノ病アリ○官鬼発動シテ火ニ属スルハ暑熱ヲ畏ル○官鬼発動シテ土ニ属スルハ瘟病ヲウク○官鬼発動シテ金ニ属スルハ脾胃ノサヽワリアリモシ世爻ヲ剋スルハ側ヘヨリサワルヿナラスソノ上世爻又絶ニアフハ怪我ニアフヘシ○官鬼発動シテ水ニ属スルハ寒病アリ○官鬼朱雀ヲ帯ヒテ発動スルハ口舌争訟アリ○官鬼騰蛇ヲ帯テ発動スルハ後日此畜怪異驚駭アリ

○官鬼白虎ヲ帯テ発動スルハ跌キタヲルヽヿ等アリ○官鬼玄武ヲ帯テ発動スルハ盗ノ用心アルヘシ

○世爻空亡ニアフハ必意ニカナハス又始アリテ終ナシ

○形体ハ八卦ニヨリテ分チ毛色ハ六神ヲ以テ辨ス○乾ヲ頭トシ兌ヲ口トシ離ヲ目トシ震ヲ前足トシ巽ヲ腰トシ坎ヲ耳トシ艮ヲ後足トシ坤ヲ腹トス○青龍ハ青朱雀ハ赤勾陳螣蛇ハ倶ニ黄白虎ハ白玄武ハ黒トス○子孫アル所ノ八卦六神ヲ本身ノ色トシ発動シテ生克スルハ卦六神ヲ以テ別處ノ異色トスタトヘハ子孫玄武ニ臨ミ乾宮ニアリテ坤宮ヨリ動キテ克セラルヽハ黒身ニシテ黄足トス又艮宮ニ子孫アリテ白虎ヨリ動キテ克セラルヽハ黄身白足トスル

ノ類凡克セラル、處ハ生セラル、處ヨリ多シ克スル力ハ強キユヘナリ衰弱ノ處ハ旺相ノ處ヨリ少シ

△牝牡雌雄ヲ分ツハ子孫陰ニ属シ陽ニ属スルヲ以テ辨ス

△子孫ノ胎爻卦身ニツクハ胎アルノ畜トス子孫爻胎爻ニ化スルモ亦同シ◯子孫ノ胎爻又ハ養爻ノ世爻ニツクハ駒馬子犢牛子羔羊子雛雞子ノ類トス

△畜類ノ病ヲ療スルヲ占フハ子孫旺相有氣テ刑克ニアハズ而メ父母官鬼休囚墓絶ニアフハ吉或ハ発動スルモ制スル者アルハ妨ケス

五行易指南巻之五　終

五行易指南巻六

求師

虎門　鼓缶子　述

師ヲ求ルノ占法其門人トナルヘキ人自ラ占フニハ父母ヲ以テ用神トスモシ父兄タル人又ハ他人ニテモ傍ヨリ其門人トナルヘキ人ノ為ニ占フハ皆應爻ヲ以テ用神トス唯五類ニ屬スル人ナル寸ハスナワチ五類ノ屬ヲ以テ用神トス而メ道學又ハ詩文連誹凡ノ文事ハ父母ヲ以テ書籍トシ又學力ノ淺深トシ弓砲刀槍凡ノ武藝ハ官鬼ヲ以テ武器トシ又修行ノ鍛錬トス唯馬術ハ子孫ヲ以テ馬トナスヘシ其他百工ハ妻財ヲ用神トシ亂舞狂言茶湯挿花ノ類ハ子孫ヲ以

テ用神トス是其事ニヨリテ各同シカラストイヘ𪜈弟子タル者師ヲ以テ父母トスルハスヘテ異ナルヿナシ

△用神旺相スルハ其師模範トナルノ才器アリ休囚スルハ人ヲ導クノ才器ニ乏シ○用神安静ニヨロシク発動ニ不利旺相ニヨロシク空亾ニ不利○用神発動シテ空亾ニアフハ誠實少シ安静ニシテ空亾ニアフハ教導ニ懶シ発動シテ空亾ニ化スルモ亦同シ○用神又ハ卦身ニ大歳ヲ持スルハ専ラ人ヲ教ルヲ業トシテ東修ヲ以テ身家ヲ養フ人トス○用神月建ヲ持シテ青龍ヲ帯ルハ永ク存生シテ教ル人トス○父母卦身ニツクカ又ハ旺相生扶スルハ才學衆ニ起ヘタル人トス○用神世爻ト生合スルハカ子テ親シキ人トスモシ

世爻ト同宮ニ非ルハシリ人トス〇用神本宮ニアルハノノ憂ノ人他宮ニアルハ他憂ノ人外卦ニアルハ遠方内卦ニアルハ近所トス〇父母他宮ノ外卦ニアリ安静ニシテ子孫発動シテ合スルハ游學シテ隨身スルトス〇卦中ニ父母アリテ本宮ノ変卦ニ父母爻又アラハル、ハ妻財ヨリ化スルヲ妻ノ家ヨリ別ノ師ヲス、メ來ルトシ兄弟ヨリ化スルヲ朋友ヨリ別ノ師ヲトリモツトス〇父母應爻ニツキ世爻発動シテコレヲ生合スルハ他ノ家ニ請待スル師ニツキテ往テ學ハントス〇用神化シテ官鬼トナルハ其人後ニ貴クナルヘシモシ白虎ヲ帯ルハ病アル人トス〇父母化シテ官鬼トナリテ世爻ヲ刑冲克害スルハ後日争訟アリ〇父母化シテ子孫トナルハ文章ヲカク人トス刑克アルハ文ヲカクトイヘ𪜈粗漏多シモシ子孫月建ヲ持シテ青龍ヲ帯ルハ詩又ハ文ニ巧者トスモシ子孫ニ化シテ父母ト合スルハ其師小児ヲツレ來ルヿアリ○父母発動シテ白虎又ハ刑ヲ帯ルハ過厳ニシテ弟子トナリ难シ○用神墓ニ入ルハ其師安逸ヲ好ミ教導ニスヽマス或ハ未熟ノ業トス墓ニ化シ空亡ニ化スルモ亦同シモシ日辰ヨリ墓ヲ冲スルハシカラス○用神白虎ヲ帯ヒテ其上刑ヲ帯ルハ過厳ニシテ慈愛少ナキ人トス○父母子孫ノ下ニ伏藏スルハ先年寺院ナトニ居タル人トスルヿアリ○父母世爻ノ下ニ伏藏スルハ昔ノ師トス

△官鬼発動シテ世爻子孫ヲ刑克スルハ凶モシソノ上妻財

発動シ官鬼ヲ生合シテ助ルハ殊ニ大凶○官鬼化シテ兄弟トナリ兄弟化シテ官鬼トナルハ何レニテモ奸詐アリトスモシ世爻ヲ刑克スルハ口舌アリ○官鬼化シテ父母トナルハ後日爭訟アリ或ハ官鬼父母𪜈ニ発動シテ世ヲ刑冲克害スルモ亦同シ○卦中官鬼ナキハ武術未熟トス

△子孫氣アリテ空亡ニアハサルハ吉モシ其上月日動爻ノ生合アルハ學問進益スモシ父母又ハ應爻用神トスルモノ却テ衰弱ナルハ師匠ニマサルトス

△世應𪜈ニ発動スルハ其師ヲ両家ヨリ請待セントス両爻𪜈ニ空ニアフハ何レモ成ラス○父タル人子弟ヲ師ニ託スルヿヲ占フハ世ヲ我トシ應ヲ師トシ子孫ヲ子弟トスモシ

世爻子孫𪜈ニ刑克ニアフハ後日禍害アリ
△離乾坤ノ三宮ニ父母アルハ專經ノ師トシ兌震巽坎艮ノ五宮ニ父母アルハ雜學ノ師トス

授徒

凡諸ノ指南ヲ事トシ門弟ヲ聚ルハ文武大小ニ拘ラスコレヲ徒ニ授ルト云其占法世爻ヲ已トシ子孫ヲ門人トシ應爻ヲ稽古所ノ主人トスモシ我家ニ居テ教ルハ應爻ヲ論セス而メ妻財ヲ謝物トシ兄弟ヲ同術同藝ノ師タル人トス
△子孫旺相スルハ門弟多シ休囚スルハ少シ○子孫衰弱トイヘ𪜈日辰又ハ動爻ノ生合扶助アルハ學徒始ニ不多トイヘ𪜈後ニ段々盛ナルヘシ○子孫発動シテ日辰又ハ動爻ニ

冲セラルヽハ門弟ノ内ニ師ニ背キテ去ル者アリモシ世爻ニ冲セラルヽハ先生ヨリ退クルトス○子孫青龍ヲ帯ヒ月建ノ生合ヲ得テソノ上金爻水爻ニ属スルハ非常ニ聰明伶俐ナル門弟アルヘシ○子孫白虎ヲ帯ルハ凡庸ノ門弟多シ○子孫陽卦ノ陽爻ニツキ金爻又ハ水爻ニ属シテ旺相シテ生扶アリ空亡ニアハサルハ抜群ノ童子アリ○子孫陰卦ノ陰爻ニツクハ女人ノ門弟アルヘシ○子孫両爻アリテ旺ニ発動シテ相冲スルハ門弟ノ輩互ニ其志合ハサル者アリモシ世爻ヲ刑冲克害スルハ其事ニヨリテ先生マテニ及フヿアリモシ両子孫旺ニ世爻ヲ生合スルハ皆弟子ノ禮ヲ失ハズ

△妻財ヲ束修謝物トス旺相シテ伏藏セス日月動爻ノ傷克ナキハ缺ルヿナシ○妻財発動スルハ請待セラルヽヿヲ占フニハ父母ヲ克スル故ニ成ルヘカラストス成ルトモ凶トス○妻財氣ナシトイヘトモ日辰又ハ動爻ノ生扶拱合ニアフハ入門ノ禮物多シトイヘトモ節々ノ謝物ハヨロシトス○妻財絶ニアヒ又ハ克ニアヒ又ハ空亾ニアヒ又ハ墓ニ入リ又ハ伏藏スル類ハ謝物甚薄シ○妻財化シテ兄弟トナルハ名目ノミニテ謝物多シ○妻財化シテ父母トナルハ金銀ヲ以テ謝物トス父母化シテ妻財トナルモ亦同シ○月建日辰動爻ノ内ニ妻財ヲ帯ヒテ世爻ヲ生合スルハ門弟マワリモチニ膳ナトヲコシラヘ出ストス旺相スルハ厚ク休囚スルハ

薄シ○卦中ニ妻財ナクシテ兄弟官鬼等化シテ妻財トナリテ世爻ヲ生合スルハ訟ニ及ヒテ謝物ヲ得ルヿアリ

△父母ヲ稽古所トス旺相スルハヨキ家作トス○卦中ニ父母ナク或ハ空亡ニアフハ稽古所ナシ○請待スル主人ヲ占フニ父母休囚シテ空亡ニアフハソノ人父母ナシモシ旺相スルカ又ハ發動スルカ又ハ冲ニアフハ空亡ニアフトイヘ圧片親アルヘシ

△兄弟間爻ニアリテ発動シテ世爻ヲ冲克スルハ妨ケヲナスモノアリ○兄弟卦身ニツクハ世話スル人ニ禮物ヲ贈リテ後請待セラル、ヿト、ノフヘシ

△官鬼発動スルハ障アリモシ吉神ヲ帯ヒテ世爻又ハ卦身

ヲ生合スルハ貴人ノ引タテアルヿアリ○官鬼化シテ兄弟トナルハ世話スル人ニ禮物ヲ贈リテ後ニ請待セラルヽヿトヽノフヘシ○新ニ稽古所ヲトリ立ルニハ官鬼ヲ以テ門弟ヲトリ立ル人トスモシ卦中ニ官鬼ナキカ又ハ空亡ニアフハ世話スル者ナシトスモシ変出ノ爻ニ官鬼アルハ始ニナシトイヘ𪜈後ニ引立ルモノアリ

△應爻ヲ稽古所ヲコシラヘ先生ヲ請待シテヲク所ノ主人トス旺相スルハ富トシ休囚スルハ貧トス○應爻旺相スルハ少年ノ人トス○應爻墓ニ入ルハ老手ノ人トス○應爻官鬼ヲ持スルハ官祿アル人役人ナトノ類トスモシ貴人ヲ帯ルハ富貴ノ人トス白虎ヲ帯ルハ病人トス○應爻父母ヲ持

シ勾陳ヲ帯ルハ農作ノ家トス朱雀ヲ帯ルハ讀書スヘテ文
臭ヲ臭トスル家トス白虎ヲ帯ルハ穢多又ハ獵師ナトノ類
トス騰蛇ヲ帯ルハ百工諸職ノ家トス○應爻子孫ヲ持シ金
爻ニ屬スルハ寺院ノ類トス○應爻妻財ヲ持シ陰卦ノ陰爻
ニアリテ卦中ニ官鬼ナキハ婦人ノ主タル家トス化シテ
妻財トナリ又ハ子孫トナルハ商人ノ家トス○應爻妻財子
孫ヲ持スルハ富貴ノ家トス○應爻世爻ト刑冲克害スルハ
後日其人ト不和トスモシ刑冲シテ生合ニ化スルハ後ニ親
クナルトス○應爻妻財ヲ持シテ世爻卦身ヲ生合スルハ朝
タノ膳ヲコシラヘテ出ストス旺相スルハ厚ク休囚スルハ
薄シ○應爻兄弟ヲ持シテ発動スルハ外ヨリ爭フテ其所ニ

來ラントスル同術ノ人アルヘシ○應爻世爻ト生合比和スルハ情意厚シモシ冲克ニ化スルハ後ニ不和トス○應爻子孫ト生合比和スルハ門弟ト情意厚シモシ冲克スルハ睦シカラス○應爻空亡ニアフハ請待スル人ナシモシ空亡トイヘ𪜈発動スルカ又ハ化シテ空亡トナルハ請待ストイヘ𪜈實意ナシ

△世爻妻財ヲ持シテ発動スルハ請待セラルトイヘ𪜈自分ニ炊キテ食フヿアリ○世爻衰弱ニシテ子孫発動シ或ハ化シテ世爻ヲ生合スルハ門弟ノ才器上達スルトス○月日又ハ動爻変爻等ヨリ世爻ヲ刑克スルハ不意ノ凶災アリ○世爻空亡ニアフハスヘテ意ノ如クナラサルヿアリモシ請待

スル人アリ圧成就セス○世爻卦身何レニテモ月日動爻ノ刑克ニアフハ後日疾病アルカ又ハスヘテ障アリ○卦中ニ官鬼アリテ世爻化シテ又官鬼トナルハ人ノ引タテ再三ニ及ヒテ後請待セラルヘシ○應爻ヨリ世ヲ克スルヿナク父母空亾ニアハス兄弟官鬼発動セスシテ月日動爻ヨリ世爻ヲ生合スルモノナキハ請待セラルヽトイヘ圧其トリアツカヒ踈略ナルヘシ○人ノ請待ヲ占フニ卦身兄弟ヲ持スルハ同術ノ人争フテ其所ニ來ルヿヲ求ムルヿアリ

△凡束修謝物ヲ占フニ卦身應爻子孫妻財四ツノ者空亾ニアヒ又ハ出現ゼサルハタヘテ無トス

仕官

仕官ノ占法官鬼ヲ用神トシ妻財ヲ禄俸トシ九五ヲ君上トシ兄弟ヲ同僚同輩トシ父母ヲ上書差紙ノ類トス

△官鬼旺相スルハ大官高禄休囚死絶スルハ小官卑職モシ発動シテ世爻ヲ生合シ或ハ月日ヨリ生扶スルハヌキアケラルヽトス○官鬼身世ニツキ或ハ動キテ世爻ヲ生合シテ月日ノ冲克ヲ受ケサルハスヘテノ謀望意ノ如シ○官鬼発動シテ世爻ヲ生合シ日月動変𪜈ニ冲克ナキハ必ヨキ譽アリソノ上妻財ヨリ生扶合助スルハ内徳アリモシ妻財空伏死絶スルハ名譽アルノミニテ内徳ハナシ○官鬼月建ヲ持シ又世爻ヲ生扶スルハ遠國往來ノ官ニアラス必京師ノ重役ナルヘシ○官鬼発動シテ世爻ヲ刑冲克害スルハ凶禍ア

リ○官鬼発動シテ大歳月日ト同ク世爻ヲ傷克スルハ大凶
モシ世爻空亾ニアフハ速ニ避クレハ禍ヲ免ル○遠國巡行
ノ官ハ官鬼発動ニ利シ遠國當國𪜈ニ居付ノ官ハ安静ニ利
シモシ発動シテ子孫ニ化スルハ別官ノ着来リテ入代ル○
官鬼旺相シテ父母衰弱ナルハ小職ニアラス閑静事スクナ
キ役所トスモシ官鬼𪜈ニ衰弱ナルハ小官卑職トス○官鬼
卦身世爻ニツクカ又ハ世爻ノ下ニ伏藏スルハ責罰ヲウク
トイヘ𪜈官職ニハ恙ナシ○官鬼卦身世爻ニ臨マズ世下ニ
伏セス又ハ世下ニ伏ストイヘ𪜈空亾ニアフハ必黜ラル、
ヿアリ○官鬼子午卯酉ハ主立タル役トス寅申巳亥ハ副役
下役ノ類トス辰戌丑未ハ雜職トス○官鬼月建日辰ヲ持ス

ル八頭分スヘテ重役トス
△父母ヲスヘテノ文書トス奉書差紙又ハ上書等ノ類旺相ニ利シク休囚ニ不利世爻ヲ生合スル類ハスヘテ吉○父母大歳ヲ持シ氣アリテ世爻ヲ生合スルハ上ヨリ召シ出サルルヿアリ○父母月建ヲ持シ氣アリテ世爻ヲ生合スルハ上ヨリ褒美セラルヽヿ等アリ○父母空亡ニアフハスヘテ上ヨリヨヒ出サルヽノ類カナフヘカラス
△妻財発動シテ官鬼ヲ生扶スルハ金銀等ヲ入レテ出身ヲ望ムヘシ○妻財旺相発動シテ白虎ヲ帯ルハモシ父母衰弱ナレハ不幸ニアフテ奉書ヲウケサルヿアリ○妻財発動シテスヘテノ冲ニアフハ吏アリテ俸ヲ減セラルヽヿアリ○

卦中ニ妻財ナキカ又ハ伏藏シテ旬空ニアフハ宛行甚乏シ
△兄弟ヲ同役朋輩トス○兄弟発動スルハ金銀等ノ費多シ
又ハ謗ヲ受ルモシ子孫トモニ発動スルカ又ハ子孫ニ化スル
ハ俸禄ヲ減セラルヽヿアリ○兄弟発動シテ世爻ヲ刑害ス
ルハ同役不和トス或ハ兄弟化シテ官鬼トナリテ世爻ヲ冲
克スルモ亦同シ○世爻発動シテ兄弟ヲ冲克スルハ我ヨリ
同役ヲ凌キ犯ス○兄弟世爻ニツキ卦身ニツクモスヘテ不
吉
△子孫発動スルハスヘテ意ニカナハス或ハ役ヲ放サルヽ
ヿアリ○スヘテ子孫ヲ官途ノ忌神トストイヘトモモシ大將
トナリテ敵ヲ征伐スルノ類ハ子孫発動スレハ必討勝トス

大歳月建ヨリ世爻ヲ生合スルハ恩賞アリ如此ノ時ハ官鬼ヲ官職トセス寇賊敵讐トスル故ナリ應ヲ以テ敵トスルモモトヨリ一法ナリ
△世爻日辰ニ刑冲克害セラルヽハ謗ヲ受ルトス五類ニヨリテ其由ヲ考フヘシ兄弟ヲ帯ルハ賄ヲ貪リ又ハ取立ノキヒシキ類ノ故トシ妻財ヲ帯ルハ取立テキカヌル類ノ故トシ子孫ヲ帯ルハ飲酒游樂ツトメヲ怠ルナトノ故トシ父母ヲ帯ルハ事ノ間ニアハスユキトヽカヌナトノ故トシ官鬼ヲ帯ルハキヒシクヤカマシキカ又ハ同役不和ノ類トスモシ世爻ニ月建ヲ持スレハ謗アリトイヘ𪜈妨ヲナサス○世爻発動シテ空亾ニアフハ其役ヲ久シクツトメスモシ巡撿

等ノ職ナラハ却テ吉○世爻空亡ニアフテ生扶拱合スルモ
ノナキハ大難アリスヘテノ事トヽノハス○世爻発動シテ
日辰又ハ動爻ニ冲セラルヽモ久シクツトメス○世爻空亡
ニアヒ六爻氏ニ安静ニシテ大歳月日ヨリ冲克スルハ役ヲ
退クノ兆○世爻五爻ニツキテ空亡ニアヒ月日ノ冲克アル
ハ巡見等ノ役ナラハ途中不意ノ禍難アルヘシ
△大歳ヲ君上ノ象トス世爻卦身ヲ生合スルハ吉事アリ冲
克スルハ貶サルヽヿアリ○大歳父母ニツキテ官鬼又ハ世
爻ヲ生扶スルハ恩恵アリ殊ニ生旺スルハ大吉○大歳ノ爻
世爻ヲ傷フハ咎メ貶サルヽヿアリ殊ニ三刑ニアヒ白虎螣
蛇ヲ帯レハ召捕ラレ又ハ手鎖ナトノ類ニアフヿアリ○上

書シテ事ヲ陳ヘ諫ヲ言フノ類ニ大歳ヨリ世爻ヲ刑克スルハ甚忌ムヘシ必禍アルヘシモシ大歳月建ヨリ世爻ヲ生合スルハ其説ヲ聴キ用ヒラルヘシ○月建ヲ執政ノ官トス世爻卦身ヲ生合スルハ吉冲克スルハ凶○月建ヨリ官鬼又ハ世爻ヲ扶ルハ清高ノ官トス○月建日辰ヨリ妻財ヲ冲シテ世爻又ハ官鬼ヲ刑克スルハ役ヲ放サレ寃行ヲサシ留メラルヽヿアリ

△凡民ヲアツカフノ役ニハ妻財旺相シテ不動父母生扶アリテ空亡ニアハサルヲヨキ處トスモシ妻財空亡ニアヒ又ハ絶ニアヒ父母制ヲ受ルハ土地アシク民貧シクアツカヒ難シ父母発動シテ世爻ニツクハ事繁シ兄弟世爻ニツクハ

物成運上等取タヽス或ハ民貧ク治メ難シ
△鎮守警固ノ類ノ職ハ六爻安静ニ利シ又月建日辰ノ克ナケレハ安然無事トスモシ官鬼発動シ世應相冲克スル類ハ必騷動多シ
△僧官又ハ医官ノ占ニハ子孫ヲ以テ用神トス父母発動スレハ用神ヲ害ス殊ニ医官ハ藥ノ功アラハレス世爻ヲ生スルハ吉刑冲克害スル類ハヨク〳〵分別アルヘシ

求財

金銭財物ヲ營ミ求ルノ術多端ニシテ一ナラストイヘ𪜈其大要皆妻財ヲ本トシ子孫ヲ利益トス借貸又ハ賭ノ勝負或ハ凡ノ商賣等ハ世應ヲ以テ考フヘシ而メコレ亦皆妻財子

孫ヲスツヘカラス
△妻財旺相シテ子孫発動スルハスヘテ意ノ如シ○子孫発動シ妻財世爻又ハ卦身ヲ生合スルハ求ルニ従フテ必得テ盡キサルノ象トス妻財化シテ子孫トナルモ亦然リ○妻財世爻ニツクハ氣ナシトイヘ𪜈得ヤスシ○妻財旺相シテ世爻ヲ持スルカ又ハ世爻ヲ生合スルハ必得ルモシ日辰ニ克セラルヽハ其日ヲ過テ得ヘシ○妻財世ヲ持シ世ヲ克シ世ヲ生合スル類ハ得ヤスシシカラスシテ世爻ニカヽリアハサルハ得難シ○妻財世爻ニツクハ求メヤスシトイヘ、𪜈モシ空亡ニアフハ自ラ疑惑シテ進マサル故ニ得ス○妻財発動シテ世ヲ生合スルハ得ヤスシトイヘ𪜈モシ日辰又ハ動

爻ヨリ妻財ヲ合住スルハオサヘル人アリテニハカニ我手ニ入ラスオサヘル人ハ何人ナルヿヲシラント欲セハ五類ヲ以テ考フヘシ兄弟ニ合住セラル丶ハ朋友ナト妨ルトスルノ類何レノ日ニ至リテ手ニ入ルト云ヲシラント欲セハ冲ニアフノ日ヲ待ツヘシ○妻財子孫𪜈ニ伏藏空亡スルハ決シテ得ス○妻財伏藏ストイヘ𪜈子孫兄弟𪜈ニ発動スルハ却テ得ヘシ○妻財子孫空亡伏藏墓絶刑克ニアフテ生扶拱合スルモノナキハ何事モ皆カナハス○三合會局シテ妻財ヲ成シ発動シテ世爻ヲ生スルハ財利窮ナシモシ妻財旺相スレハ財利萬倍トス○三合會局シテ子孫ヲ成シ発動シテ世爻ヲ生スルモ亦同シ○正卦変卦ニ妻財三四爻モ出現スルハ大過ト云却テ得

雖シモシ妻財ノ墓爻世爻又ハ卦身ヲ持スルハ大利ヲ得ヘシ○正卦変卦𪜈ニ妻財ナキカ又ハアリトイヘ𪜈空亾ニアフテ其上伏藏スルハスヘテ本ナキ故ニ求ルヿナラズ○妻財子孫大歳ヲ持スルハ其年中利多シ○妻財化シテ官鬼トナリ又ハ兄弟トナルハ損失多ク不吉モシ世爻ヲ傷フハ財ニヨリテ禍ヲ致ス○人ト寄合ニ商賣スルニ世應𪜈ニ妻財ヲ持スルハ意ノ如シ

△父母兄弟𪜈ニ発動スルハ決シテ得ズ○父母兄弟𪜈ニ氣アルハ本ヲ損スルノ恐アリ○父母化シテ妻財トナルハ辛苦シテ得ヘシ○父母大歳ヲ持スルハ其年中辛苦ス

△兄弟卦身ニツキ又ハ世爻ニツクハ何ノ商賣ニテモ利ナ

シ○兄弟世爻ニツキテ発動スルハ殊ニヨロシカラス○兄
弟重疊大過スルハ子孫発動スレハ大吉子孫安静ナレハ凶
○兄弟官鬼𠀋ニ発動スルハ口舌アリ○兄弟大歳ヲ持スル
ハ其年中利ナシ○兄弟化シテ妻財トナルハ先ニハ不利後
ニハ利アリ○人ト寄合ニ商賣スルニハ兄弟ヲ忌ムヿナシ
但発動スルハヨロシカラス
△官鬼発動スルハ障アリ○官鬼ナキハ却テ損耗多シ○官
鬼化シテ妻財トナリ世爻卦身ヲ生合スルハ公邊又ハ貴人
ニ求ムルカ或ハ藝能アル人ハ十分得ルトスモシ世爻卦身
ヲ克スルハ助鬼傷身トスヘテ凶○官鬼玄武ヲ帯ヒ発動
シテ世ヲ克スルハ往來シテ商賣スル者ナトニハ盗賊ノ难

アルヘシ○官鬼第二爻ニアリテ発動スルハ家ニ居テ財ヲ求ル者必障アリ火ノ官鬼ナラハトモシ火ナト用心スヘシモシ子孫世爻ニツクハ妨ナシ左ナクテ子孫発動スルハ店ヲ替ヘテヨシ○官鬼第五爻ニアリテ発動スルハ旅ニ出テ財ヲ求ル者必障アリ白虎ヲ帯ルハ風波ノ难玄武ヲ帯ルハ盗賊ノ难トスルノ類

△藝能ヲ以テ財ヲ求ル者ハ官鬼発動シテ世爻ヲ生合スルヲ吉トスモシ世爻ヲ刑克スルハ大凶

△公邉ヨリ財ヲ求ルニハ官鬼発動ヲ忌ムヿナシ旺相シテ世爻ヲ生合スルハ得ヘシモシ世爻ヲ刑克スルハ禍速ニ至ル

△人ニ求ムル財ハ其用神日辰動爻ノ刑克アリ或ハ空亡ニアヒ或ハ空亡ニ化スル類ハ出會セス出會スルトイヘ𪜈トヽノハス

△人ニカシタル財ハ世應𪜈ニ兄弟ヲ持スルカ又ハ世應𪜈ニ空亡ニアフハ取得スモシ其上ニ妻財絶ニアフハ本𪜈ニスキトナクナルヘシ

△人ニ物ヲカルヿヲ占フハ應爻空亡ニアフハトヽノハスモシ其カル物ノ爻金錢ハ妻財衣服ハ父母ヲ用神トスルノ類ヲ云空亡セスハユルヤカニ求メテ得ルヿアラン

△賭ノ勝負ヲ占フハ世強ク應弱キカ又ハ世ヨリ應ヲ克スルハ勝トス世弱ク應強キカ又ハ應ヨリ世ヲ克スルハ負ト

ス○世應𪜈ニ空亡安静ナルハ勝負ナシ○世爻官鬼ヲ持ス
ルハ彼ヨリ我ヲタバカルヿナトヲ防クヘシ○官鬼兄弟発
動シテ世爻ヲ克シ又ハ世爻兄弟ヲ持シ又ハ世爻空亡ニア
フモ負トス○間爻ニ官鬼兄弟アリテ発動スルハ争アルヿ
多シ

△店ヲ開キ商賣ヲスルヲ占フハ世應𪜈ニ空亡ニアハス妻
財子孫ニ缺ルヿナク官鬼氣アリテ安静ニ父母衰弱ニシテ
安静ナルヲ大吉トスモシ其上ニモ日月動爻ヨリ世爻ヲ生
合スルヿアルハ大ニ繁昌スヘシ○應爻空亡ニアヘハ買人
少シ○官鬼兄弟発動スルハ口舌等アリ

△物ヲ買ヒ蓄ルヿヲ占フハ諸爻𪜈ニスヘテ安静ニヨロシ

唯子孫ハ発動スルヲ吉トス○妻財発動スルハ変アルヘシ
○妻財空亾ニアフハ損失ナトアリ○官鬼発動スルハ不意
ノ禍アルヘシ○父母化シテ官鬼トナリテ世ヲ刑克スルハ
雨ニヌレ朽ルノ類ヲ防クヘシ
△物ヲ賣リ出スコヲ占フハ妻財発動スルハ賣レ易シ○世
爻発動スルモ亦賣レヤスシ○妻財外卦ニアリテ発動シテ
世ヲ生スルハ他ヘ出シテ賣ルヘシ内卦ニアリテ発動シテ
世ヲ生スルハ其處ニテ賣ルヘシ○妻財世爻ニツキ子孫外
卦ニアリテ発動スルモ他ヘ出シテ賣ルヘシ
△フリ賣ノ商ニ應爻空亾ニアフハ利ナシ
△スヘテノ賣買ニ應ヨリ世ヲ生合スルハ成リヤスク世ヲ

刑克スルハ难シ○官鬼兄弟𪜈ニ発動スルハ謀ヲ巧ミ欺カル、類ヲ防クヘシ○間爻ニ官鬼兄弟発動スルハ仲人ノ謀ニ欺カル、ヿヲ防クヘシ

△牛馬六畜ノ類ノ賣買ハ子孫ヲ用神トス別ニ六畜ノ條アリ考フヘシ

△何レノ時日ニ財物ノ手ニ入ルト云ヲ占フハ妻財ノ旺衰生合等ニヨリテ考フヘシ

△何レノ時日ニ直段ヨクナルト云ヲ占フモ亦妻財ノ旺衰生合等ニヨリテ考フヘシ○又子孫ノ旺衰ヲモ合セテ考フヘシ○身財長生ニアフハ一日増ニ高クナルトシ帝旺ニアフハ眼前高直ニシテ時過

レハ下直ニナルヘシ

出行

出行ノ占法父母ヲ荷物トシ妻財ヲ路銀トシ應爻ヲユク所ノ地トシ間爻ヲ途中トシ又同伴ノ人トス

△世爻衰弱ナルハ疲トシ旺相スルハ健トス○世應倶ニ発動スルハ遠ニ行ニ利シ○世爻発動シテ官鬼ニ化スルハ禍ニアフヿアリ○世爻発動シテ日辰又ハ動爻ノ合住ニアフハ将ニ行カントシテ障アリテ滞ルノ象モシ間爻ヨリ合住スルハ同伴ノ為ニツナカルヽトス発足ノ日限ヲシラント欲セハ冲ニアフ日ヲ待ツ一ニ○世爻発動シテ空亡ニ化スルハ半途ヨリモトルヿアリ退神ニ化スルモ亦同シ○世ヨ

リ應ヲ克スルハ通達シテ障ナシ應ヨリ世ヲ克スルハ障多クスヘテ意ノ如クナラスモシ其上ニモ日辰又ハ動爻ノ刑克アルハ殊ニ凶○世爻安静ナルハ発足ノ日限定マラス発動スルハ定日アリ○世爻安静ニシテ日辰ノ冲ニアフハ人ノ為ニ出ルトス○世爻安静ニシテ合ニアフモ亦人ノ為ニ出ルトス○世爻日辰ヲ持シテ発動スルモ亦同シ○世爻官鬼ヲ持スルハ疑ヒ惑フテ進マサルノ象モシ子孫ニ化スルハ禍アリ𪜈畏ル、ニタラス○世爻兄弟ヲ持スルハ無益ノ費多シ○世爻空亡ニアフハ行クヿ能ハス行ク𪜈徒ニ労シテ益ナシ但藝能ナトヲ以テ利ヲ謀リスヘテ本手ナクシテ金銭ヲ得ルニハ却テ吉トス○世爻大歳ノ冲克ニアフハ其

年中出行利ナシモシ白虎ヲ帯ルハ殊ニ不吉
△父母ヲ荷物トス旺相スルハ多ク休囚スルハ少シ旺相シテ空亡ニアフハ有トイヘ𪜈多カラス刑克ヲ帯ルハ舊物破損ストス○父母ヲ又辛勤労苦ノ神トス発動スレハ途中艱難スモシ世爻ヲ刑克スルハ風雨ニ妨ケラルヽコトナトアリ
○父母ヲ又舟船トス発動シテ世ヲ克スルハ舟行殊ニ凶
△妻財ヲ路銀トス旺相スルハ多ク休囚スルハ少シ○妻財ヲ又商買ノ代呂物トス旺相スルハ多ク休囚スルハ少シモシ兄弟化シテ妻財トナルハ人ト寄合タル代呂物又ハ人ヨリカリタル物トス○妻財発動シテ世爻ヲ刑克スルハ金銭ニヨリテ禍ヲ招クコトアリ○妻財世爻ト合シ化シテ官鬼ト

ナリテ世爻ヲ刑克スルハ好色ニヨリテ禍ヲ招クヿアリヨク慎マサレハ免レス○妻財旺相シ月建ヲ持シテ世爻ヲ生合シ刑克ナキハ十分ノ利益ヲ得ヘシ

△兄弟騰蛇ヲ帯ヒテ発動スルハカタラヒ欺ク者ニアフヿアリ戒ムヘシ○兄弟白虎ヲ帯ヒ又ハ忌神ヲ帯ヒテ発動シテ世ヲ克スルハ風波ノ難アリ

△官鬼玄武ヲ帯ルハ盗賊トスモシ世爻ヲ刑克スルハ盗难ヲ免レス○官鬼寅ニ属シテ艮宮ニアルハ豺狼トス世ヲ克スルハ害ヲウクヘシ應ヲ克スルハ他人ヲ噉フトス○官鬼間爻ニアリテ発動スルハ同伴ノ者不和アルカ又ハ病アリ世ヲ克スルハ我亦凶○卦中官鬼ナキハスヘテ吉モシアリ

トイヘ𪜈安静又ハ伏藏又ハ制スルモノアルハ禍ナシ
△子孫世爻ニツクハ大吉ヨキ同伴ニアフヿアリ途中モ平安トスモシ貴人ニ謁見スル類ノ出行ニハ官鬼ヲ克スル故凶トス○卦中子孫ナク或ハアリトイヘ𪜈空亡ニアフハ禍アルヿヲ用心スヘシ
△應爻空亡ニアフハスヘテ意ニカナハス事成ラス
△間爻ヲ途中經歴ノ處トス発動スレハ途中障アリ安静ナルハ吉○間爻子孫妻財ヲ持シテ発動スルハ途中ニテ望ムヿニカナフヿアリ○間爻両爻𪜈ニ空亡ニアフハ途中スヘテサヽハリナシ獨行ニ利シ同伴ノ役介ナシ
△火爻土爻ヲ陸路トシ水爻木爻ヲ舩路トス何レモ子孫妻

財ヲ持スレハ吉官鬼兄弟ヲ持スルハ凶
△官鬼ノ方鬼墓ノ方世墓ノ方世ヲ克スルノ方ハ皆凶トス
往クヘカラス子孫ノ方妻財ノ方世ヲ生スルノ方ヲ吉トス
往クヘシ
△六冲ノ卦ニアフハスヘテ不吉六冲ノ卦亂動スルハ殊ニ
凶

舟船

凡舟ヲ雇ヒ又ハ舟ヲ買フノ占法父母ヲ以テ船頭トシ初ニ
爻ヲ艫先トシ五上爻ヲトモトス
△舟ノ新舊ヲ察スルハ世ヲ持スル五類ヲ以テ考フヘシ子
孫妻財ヲ新トシ父母ヲ舊トシ兄弟ヲ半新半舊トス官鬼ハ

新舊ニ拘ハラズ驚キ又ハ妨ルヿアリ五類𪜈ニ皆其旺相休因ヲ以テ又其内ノ善悪ヲ考フヘシ子孫ヲ持スト𪜈休因スルハ十分ノ新造堅固トセサルノ類ナリ
△官鬼発動スルハ其五行ヲ以テ病ヲ察ス金爻ハ釘少ク土爻ハ白灰少ク木爻ハハギ合セ多ク水爻ハ漏リアリトシ火爻ハ乾裂アルノ類
△乗リ出スヿヲ占フニハ父母ヲ船頭トスモン唯船ハカリヲ占フニハ父母ヲ船トナシテ船頭トナサス何レモ旺相シテ世爻ヲ生合スルハ吉発動シテ世爻ヲ冲克スルハ凶
△青龍ヲ船尾トス子孫妻財ヲ持シ旺相発動シ世ヲ持シ世ヲ生合スル類ハ吉○螣蛇ヲ纜トスモシ休囚又ハ空亾ニア

フハ朽チヨハリタルトス旺相シテ吉神ヲ帯ルハ堅固トス
△白虎ヲ風帆トス旺相生扶シ子孫妻財ヲ帯ヒ世爻卦身ヲ生合スルハ順風ニシテ帆モヨシトノモシ官鬼凶神ヲ帯ヒテ旺相発動シ世爻卦身ヲ冲克スルハ逆風ニアヒ傾覆スルヿアリ
△反吟卦ニアフハ逆風傾覆ノ患アリ
△スヘテ子孫妻財世爻又ハ卦身ヲ持シテ動爻ノ冲克ナク六爻生合シテ吉神ヲ帯ルハ四海ヲノリマワストモ災アルヿナシ
△自ラ船頭トナリテ船ヲ以テ家居ノ如クスル者ハ其占法船ヲ雇フト異ナルヿアリ上下六爻ヲ細ニ分チテ吉凶ヲ推

スヘシ○初爻ヲ船ノヘサキトス父母ヲ持シテ刑冲ニアフ
ハ風浪ノ难アリ官鬼ヲ持スルハ魔障アリ兄弟発動スルハ
怪木ヲトリカヘベシ妻財克ニアフハ是非口舌アリ空亾ニ
アノハヘサキ破損ス○二爻ヲ欄木トス青龍ヲ帯ルハ利益
アリ朱雀ヲ帯ルハ口舌アリ勾陳ヲ帯ルハ財物ヲ損耗ス螣
蛇ヲ帯ルハ怪異アリ白虎ヲ帯ルハ人ヲ損シ禍ヲ招ク玄武
ヲ帯ルハ盗賊又ハ憂疑トス官鬼ニアフハ纜縄ヲ損サスト
ス○三爻ヲ倉ロトス刑冲克害ニアフハ別シテ忌ムヘシ○
四爻ヲ桅杆トス凶神ニアフハ逢ヒラキテ漏ルヿアリ○五
爻ヲ纜トス空亾ニアフハ憂疑アリ○上爻ヲ櫓逢トス生ニ
アフハ船ヲ出シ富ヲ致ス冲克ニアフハ禍多シ上爻又舵門

トス凶神ニアフハ手イレトリカヘチヨシ

△世爻青龍ヲ帯ルハ危キヿアル寸ニ救フモノアリ○世爻朱雀ヲ帯ヒテ発動スルハ桅ヲ折ルヿアリ○世爻勾陳ヲ帯ルハ舩ヲ覆シ舵ヲ損サス○世爻螣蛇ヲ帯ヒテ発動スルハ急病ヲワツラフヿアリ○世爻白虎ヲ帯ルハ水中ニ墮ルヿアリ○世爻玄武ヲ帯ルハ盗难アリ

待人幷來信

待人ノ占法五類ノ属ヲ以テ用神トシ其他ハ應爻ヲ以テ用神トス而メ父母ヲ以テ音信トス

△用神発動スルハ其人ステニ發足ス○用神世爻卦身ニツキテ出現発動或ハ世爻ニツキテ発動スルハ即時ニ來ル○

用神発動シテ世爻空亾ニアフハ其人速ニ至ル○用神発動シテ世爻ヲ克スルモ其人速ニ至ル○用神発動シテ世爻ヲ生合スルハ來ルトイヘ𪜈遲シ○用神世爻𪜈ニ発動シテ世ヨリ用神ヲ克スルハ其人発足ストイヘ𪜈他方ニ轉シテユクトス○用神世爻𪜈ニ発動ストイヘ𪜈皆空亾ニアフハ其人來ラス○用神発動ストイヘ𪜈日辰又ハ動爻ニ合セラルルハ㝵アリテ來リ難シ冲ニアフハ年月日ニ至リテ來ルヘシ○用神世爻ノ克ニアフハ其人來ラス○用神日辰ノ克ニアフハ來ラス○用神第三第四爻ニツキテ発動スルハ程ナク來ルヘシ三四爻ヲ門戸トスル故ナリモシ其上用神ヲ制スルモノナク又世爻ヲ生合スルハ即時ニ來ル○用神墓ニ入リ墓ニ化シ

鬼墓ヲ持シ鬼墓ノ下ニ伏藏スル類ハ病アリテ來ラス○用神安靜ニシテ日辰動爻ノ冲ナキハ皈ルヿヲ思ハス○用神安靜ニシテ日辰ノ冲ニアフハ其人來ラント欲スルノ情アリモシ月建又ハ動爻ノ剋ニアフハ発足スルヿ能ハス○用神安靜ニシテ世爻ヨリコレヲ冲起シ又ハ合起スルカ或ハ用神伏藏シテ世爻ヨリ提抜シ或ハ用神墓ニ入リテ世爻ヨリ墓ヲ冲破スルハ皆我ヨリ迎ヘ尋子テ來ルヘシ○六爻安靜ナルハ其人來ルヿヲ思ハス但用神ヨリ世爻ヲ生合スルハ身動カストイヘ𪜈心ニハ來ラント欲ス○近地ニ出タル人ヲ占フニ用神伏藏スルハ事アリテ皈ラストス其日ニアフテ皈ルヘシモシ安靜ナルハ冲ノ日モシ安靜ニシテ空亡

ニアフハ出旬逢冲ノ日ニ皈ルヘシ○用神伏藏スルハ飛神ヲ冲スルノ日來ル○用神伏藏シテ其飛神空亾ニアフハ日辰動爻ノ合アレハ即來ル速ナレハ當日トシ遲ケレハ其日ニアフテ來ル○用神官鬼ノ下ニ伏藏スルハ凶叓ニカヽリテ來ラス勾陳ヲ帯ルハ怪我ナトアリ螣蛇ヲ帯ルハ何カ引ツリアル遠慮ナトニテ來ラス白虎ヲ帯ルハ病ニテ來ラス玄武ヲ帯ルハ盗賊ニ妨ケラレ又ハ色情ノ為ニ來ラズ○用神玄武ノ官鬼ノ下ニ伏藏シテ妻財ノ合ナキハ其人盗賊ニアフテ來ラズ○用神第五爻ノ官鬼ノ下ニ伏藏スルハ關所又ハ渡場ノ滞ニテ來ラズ○用神官鬼ノ下ニ伏藏シテ白虎ヲ帯ルハ入牢シテ來ラヌヿアリ○用神兄弟ノ下ニ伏藏ス

ル八諸勝負ナト丿亅ニテ來ラス朱雀ヲ帯ル八是非口舌丿
爭白虎ヲ帯ル八風波ニ妨ケラル○用神子孫丿下ニ伏藏ス
ル八飲酒游樂又八子孫幼輩六畜僧尼等丿故ニ來ラス○用
神父母丿下　伏藏スル八文書又八父母尊長等丿故ニ來ラ
ス○用神妻財丿下ニ伏藏スル八賣買利益金銀等丿故ニ來
ラスモシ妻財空亾又八兄弟発動スル八損失丿故トシ咸池
ヲ帯ル八女色丿故トス○用神應爻陰財丿下ニ伏藏スル八
人丿家ニ居ルモシ陽爻ニツキ世爻卦身ヲ生合スル八人ニ
代リテ金錢ヲアツカフテ來ラズ○用神妻財丿墓爻丿下ニ
伏藏スル八富家ニアリテ金錢ヲアツカフモシ用神墓絶ニ
アフ八無益ニ日ヲクラス○用神玄武ヲ帯ヒ発動シテ妻財

ニ合住セラレ又ハ玄武ノ妻財ノ下ニ伏藏スルハ女色ヲ慕フテ來ラス合スル爻ヲ冲スルノ日ニ來ルカ

△游魂ノ卦ヲ得テ用神発動スルハ其人諸方ヲ徘徊シ一方ニヲチツカスモシ游魂化シテ游魂トナルハ定マリタル處ナシ游魂ヨリ皈魂ニ化スルハ游歷シ終リテ家ニ皈ル

△凡遠方出行ノ人ヲ占フニ用神伏藏セズ傷克ヲウケス真空真破ニアハサルハ恙ナシモシ墓絶ニアヒ或ハ日月動変等ノ刑克ヲウクルハ不吉

△音信ノ有無ヲ占フニ父母発動スルハ音信アルヘシ○世爻妻財ヲ持シテ発動スルハ音信ナシ

五行易指南巻六終

五行易指南卷之七

虎門　鼓缶子　述

病症

病症ノ占法官鬼ヲ以テ病トナシ其旺衰強弱ヲ以テ軽重トシ卦宮及ヒ六爻上下ノ位ヲ以テ病患ノ處トシ五行六親六神ヲ以テ其病症トシ又病因トスモシ獨発スレハ亦其爻ノ所屬ヲ以テ病因トス

○木爻ノ官鬼ハ肝経ノ病トス其症感冒風寒或ハ眼目ノ諸病トス○火爻ノ官鬼ハ心経ノ病トス其症発熱咽乾キ口燥クノ類○土爻ノ官鬼ハ脾経ノ病トス其症浮腫発黄或ハ瘟疫ノ類○金爻ノ官鬼ハ肺経ノ病トス其症咳嗽喘急吐痰ノ

類○水爻ノ官鬼ハ腎経ノ病トス其症悪寒盗汗自汗遺精白
濁ノ類

以上五臟病ヲウクルノ大略ヲ論ス更ニ八卦五類及ヒ
六神等ヲ参ヘテ断スヘシ拘ルヘカラス

△上爻ニ官鬼アルハ頭面ニ患ル所アリ頭痛頭重頭眩頭旋等ノ類○五
爻ニ官鬼アルハ面部項頸咽喉鼻目等ニ患ル所アリ面目浮腫咽喉
不利鼻衄目渋痛或ハ眩暈口苦舌硬牙齦疼痛ノ類○四爻ニ官鬼アルハ心胸腹背ニ
患ル所アリ心下痞梗胸脇不利腹痛胸満心腹飽脹ノ類○三爻ニ官鬼アルハ腰ニ
患ル所アリ腰痛腰弱ノ類○二爻ニ官鬼アルハ股膝髀ニ患ル所ア
リ脚氣陰嚢腫痛ノ類○初爻ニ官鬼アルハ足ニ患ル所アリ○間爻世應
中間ノ兩爻ヲ胸膈トス官鬼ヲ持スルハ痞塞不通木鬼ハ心痒嘈

雜ノ類火鬼ハ心痛ノ類土鬼ハ飽悶不寛ノ類金鬼ハ骨痛ノ類水鬼ハ痰飲填塞ノ類妻財ニ化シ或ハ妻財ヨリ官鬼ニ化出スルハ宿食不消シテ胸膈不利ノ類

△乾宮ノ官鬼ハ多クハ頭ニ患ル所アリ頭痛頭重頭旋ノ類木爻ニ化スルハ頭風眩暈トス木爻動キテ官鬼ニ化スルモ亦同シ水ニ属スルハ面部浮腫○兌宮ノ官鬼ハ多クハ口舌牙歯咽喉又ハ金瘡打傷ノ類ヲ患フ口中悪味ヲ生シ或ハ口燥キ舌乾キ或ハ咽喉不利又ハ腫痛或ハ咳嗽或ハ吼吐或ハ咽喉痛等ノ類木ニ属スルハ舌硬トス火ニ属スルハ舌上生瘡トス土ニ属スルハ咽喉腫痛トス金ニ属シテ忌神ニ化シ或ハ忌神金鬼ニ化スルハ牙疔トシ忌神ニ化セサルハ歯痛トシ安静ニシテ冲ニアフハ歯揺クトス○離宮ノ官鬼ハ

多クハ眼部或ハ諸熱ヲ患フ眼部ノ諸病又ハ眼クラク眼痛或ハ内熱上氣煩渇或ハ中暑或ハ火動ノ類木ニ属スルハ肝火目赤渋トシ火ニ属スルハ火動トシ土ニ属スルハ胃熱トシ水ニ化スルハ痰火トス水爻ヨリ官鬼ニ化スルモ亦同シモシ水爻離宮ニ動クハ官鬼ニアラストイヘ𪜈表寒裏熱トス日辰ヲ帯ルハ瘧トス○震宮ノ官鬼ハ足部瘡毒或ハ胎氣ヲ患フモシ震ノ卦外卦ニアラハルヽハ足ヲ以テ断セス坐臥不安心神恍惚ノ類トス震卦螣蛇ヲ帯ヒテ発動スルハ顛狂驚癇ノ類モシ小児ナラハ驚風トス冲ニアヘハ馳出シ駈廻ル類ノヿアリ勾陳ヲ帯ルハ足腫トシ白虎ヲ帯ルハ足折傷スルノ類木ニ属スルハ酸疼麻木トシ火ニ属スルハ瘡毒又ハ怒火或ハ胎氣不安トス土ニ属

シテ木爻ニ化スルハ脚氣トス金ニ属スルハ刀傷或ハ脚膝
疼骨痛トス水爻ニ属スルハ湿氣ヲ受ルトス◯巽宮ノ官鬼
ハ股肱或ハ風寒ニ感冒シ癱瘓瘍風ノ類◯坎宮ノ官鬼ハ耳
部血分労役等ノ類耳聾耳鳴耳内痒或ハ崩漏帯下経閉或ハ五労ノ類金ニ属スルハ
汗症トシ水ニ属スルハ寒冷トシ子孫ニ化スルハ房事子孫
ヨリ官鬼ニ化スルモ亦同シ妻財ニ化スルハ宿食トス妻財
ヨリ官鬼ニ化スルモ亦同シモシ火爻坎宮ニ動クハ官鬼ニ
アラストイヘ圧内寒外熱トス日辰ヲ帯ルハ瘧トス◯艮宮
ノ官鬼ハ手臯背又ハ腫物又ハ滞氣ヲ患フ手指麻痺又ハ厥冷又ハ顫動又ハ
[illegible]或ハ項背拘[illegible]又ハ疼痛ノ類艮宮ヨリ土爻ノ官鬼ニ変出スルハ浮腫蠱
[illegible]トスル火爻ニ属スルハ癰疽トシ土爻ニ属スルハ手沈重ト

ス○坤宮ノ官鬼ハ腹部内傷元氣不足ノ類腹痛拘攣飽悶木爻ニ属スルハ飽脹トシ土爻ニ属スルハ身重ク腹堅トス

△青龍ノ官鬼ハ酒色過度虚弱無力○朱雀ノ官鬼ハ狂言乱語身熱面赤○勾陳ノ官鬼ハ胸満腫脹脾胃不和○騰蛇ノ官鬼ハ坐臥不安心神不定○白虎ノ官鬼ハ跌扑氣悶傷筋損骨女人血崩血暈産後諸症○玄武ノ官鬼ハ色欲太過憂悶在心在本宮ハ陰虚トシ子孫ニ化スルハ男子陰症陰虚トス

△官鬼発動シテ父母ニ化スルハ造作普請ナトノ處ニテ病ヲウクルカモシ五爻ニアリテ水ニ属スルハ途中雨ニアフテ病ヲ得ルカ又ハ労心労力憂慮シテ精神ヲ傷フカ或ハ尊長ノ為ニウケ或ハ土ヲ動カスノ故ニウクル病トス官鬼爻

父母ノ下ニ伏藏スルモ亦同シ○官鬼発動シテ兄弟ニ化スルハ口舌毆撃《テウチヤク》ナトニヨリテ病ヲ得ルカ又ハ傷食停食又ハ咒咀《ノロヒ》ニアフカモシ三爻ニアレハ房中體ヲ露ハシテ風寒ニ感冒ス官鬼爻兄弟ノ下ニ伏藏スルモ亦同シ○官鬼発動シテ子孫ニ化スルハ寺院又ハ漁獵游戲ニヨリテ病ヲ得ルカ或ハ酒ニ酔ヒ或ハ房事ヲ過シ或ハ夏日風凉冬日暖火ナトノ過ルカ又ハ補薬ナトニヨリテ発スルトス官鬼爻子孫ノ下ニ伏藏スルモ亦同シ○官鬼発動シテ妻財ニ化スルハ妻妻婦女又ハ賣買金銭等ノ事ニヨリテ病ヲ得ルカ官鬼爻妻財ノ下ニ伏藏スルモ亦同シ又食ニ飢又ハ飽ニヨリテ得ルトス○官鬼進神ニ化スルハ病増ス退神ニ化スルハ病減ス

原書缺頁

原書缺頁

○官鬼絶處逢生ニハ病軽シトイヘ𪜈再発ス○官鬼出現セサルハ其病何ニ由テ得ルヲ知ラス○官鬼世下ニ伏藏スルハ舊病再発ス○官鬼水ニ屬シテ土爻ニ化スルハ本宮ノ初爻ニアレハ小便不通トシ陰ニ屬スルヲ大便不通トス陽宮陰象陰宮陽象ハ二便𪜈ニ不通𪜈シ白虎ヲ帶ルハ陽爻ハ尿血トシ陰爻ハ下血トス刑害アルハ痔漏トス○官鬼両爻アルハ内外両感𪜈ニ動キ𪜈ニ静ナルハ一同ニ病ヲウクルトス○官鬼内外両卦ニアリテ一ハ旺相シ一ハ旬空或ハ一ハ動キ一ハ静ナルハ晝軽夜重○官鬼両爻アリテ相冲スルハ思ハズ愈ルヿアリ○官鬼卦中ニアリテ又変出ニモアルハ新舊両病トス○官鬼内卦ニアルハ病夜重シ外卦ニアルハ晝

冲克害スルハ官鬼ニアラス爻[illegible]
水火ノ旺衰ヲ以テ寒熱ノ多少ヲシルヘシ○発動ノ爻用神世爻ヲ生扶シテ化出ノ爻用神世爻ヲ刑克スルハ朝涼暮熱又ハ日軽夜重トスモシ動爻克シテ化出ノ爻生スルハ丗ト相反ス

痘疹

凡痘疹ヲ占フノ法官鬼ヲ以テ痘花トシ五類應爻ヲ以テ用神トシ原神忌神ノ旺衰ヲ以テ安危ヲ決スルハ病体ノ占法ニ同シ

△用神出現シテ日月動爻ノ刑冲克害ナキハ大吉○用神旺相スルトイヘ𪜈原神発動セスシテ死絶ニアヒ又ハ発動シ

トイヘ𪜈化シテ冲克ニアフハ目前恙ナシトイヘ𪜈寺恩ア
不意ナルヿアラン○用神休囚シテ原神ニモ日月ノ生扶ニ
キハ後ニ変アリ○用神休囚シテ又冲克ニアヒソノ上原神
死絶ニアフハ旦夕ノ間モ甚危シ○用神長生ニアヒ又ハ長
生ニ化スルハ百年ノ内トイヘ𪜈恙ナシ○用神墓ニ入ルハ
始起発シ难シ後ニ氣分ヨロシカラス○用神白虎ヲ帯ヒ又
ハ忌神白虎ヲ帯ヒテ用神日月動変ノ刑冲克害アルハ種痘
ヲナスヘカラス却テ大害アリ○用神白虎ヲ帯ヒテ日月動
爻ノ刑冲克害ニアフハ疾ヲ生スルカ左ナクハ結毒トス乾
宮ニアレハ頭面坤宮ニアレハ腹震足巽股離目坎耳艮手兌
口ノ類推考フヘシ○用神傷克ニアフトイヘ𪜈原神月日動

爻ノ助アルハ妨ケス○用神伏藏シテソノ上日月動爻ノ刑冲克害ニアフハ四五日ヲ過キサルニ大禍アリ○原神空亡ニアヒ又ハ伏藏シテ傷克ナキハ虚弱ニシテ起発スルヿ能ハス起発ストイヘ𪜈灌漿ノ力ナシ○原神眞空眞破ニアヒ或ハ伏藏シテ刑冲克害ニアフヿ多ク或ハ回頭克ニ化スルハ凶

△卦身ノ爻ヲ痘人始終ノ事トス子孫吉神ヲ持スルハ痘毒ナシ○官鬼ヲ持スルハ結毒疾トナル憂アリ○卦身官鬼ヲ帯シ木爻ニ属スルハ肝経ノ火毒サツパリトセス両眼ノ内ニ痘ヲ出シ或ハ右耳ニ障アリ○卦身官鬼ヲ持シ火爻ニ属スルハ心経ノ火毒サツパリトセス舌乾キ又ハ眼疾アリ

○卦身官鬼ヲ持シ土爻ニ属スルハ脾経ノ火毒サツパリトセズ口唇ノ如クスボク鼻梁《ハシラ》ニ障アリ○卦身官鬼ヲ持シ金ニ属スルハ肺経ノ火毒サツパリトセス鼻孔ノ内ニ瘡ヲ生シ或ハ左耳ニ障リアリ○卦身官鬼ヲ持シ水爻ニ属スルハ腎経ノ火毒サツパリトセス両耳乾キ又ハ唇ニ障アリ

以上卦身ニツキタル官鬼休囚シテ子孫発動スルハ薬ニテ愈ヘシモシ子孫発動セス官鬼ニ白虎ヲ帯ルハ生涯ノ病トシルヘシ

△官鬼ヲ瘟瘡トス安静ニ利シク発動ニ不利発動スレハ変アリ○官鬼衰弱安静ナルハ瘡少シ旺相発動スレハ瘟多シ○官鬼発動シテ世爻卦身用神ヲ冲克シ妻財ノ発動アルハ

飲食ニヨリテ病ヲ増ス或ハ出痘ノ前ヨリ停食アリ○官鬼年月日三建ノ沖ニアフハ灌漿ノ後ツブレ破ル、コヲ戒ムヘシ○官鬼空亡又ハ月破ニアヒソノ上日辰動爻ノ克害ニアフハタトヒ起発スレ𪜈七八日目ニ至リテ灌漿セスヨロシカラス○官鬼空亡ニアヒ或ハ伏蔵シテ子孫青龍ヲ帯ヒサルハタトヒ種痘スレ𪜈出テス○官鬼木ニ属スルハ風邪発散セス肝経ニ毒ヲ受ケ驚ヲ発シ又ハ両目直視又ハ嗆喘ナトアリ○官鬼火ニ属スルハ心経ノ大毒初起ノ時発班ツヽキテ発嗆或ハ舌ノサキ縮マリ硬《コハ》バル旺相発動スルハ重ク休囚安静ナルハ軽シ○官鬼土ニ属スルハ大ツブノ痘スヽマナク出テ麻面口魚口ノ如クナルコアリ戒ムヘシ○官鬼

金ニ属スルハ肺経ノ毒身体痛ミ或ハ咳嗽或ハ鼻擬レ○官鬼
水ニ属スルハ腎経ニ毒ヲウク腰痛或ハ両耳乾キ或ハ寒熱
停積発熱縮擬等アリ○官鬼青龍ヲ帯ヒ日月動爻ノ刑冲克
害ニアハサルハ種痘ノ占ニ大吉トス○官鬼火爻ニ属シテ
朱雀ヲ帯ルハ血熱火毒ノ症大黄黄連等ノ剤ヲ用ヒテ火ヲ
サマシ毒ヲ瀉シテヨシモシ遅ク用レハ斑甚シク痘隠レ焦
黒クナリテナヲラズ○官鬼勾陳ヲ帯ルハ脹悶黄浮アリ○
官鬼木爻ニ属シ螣蛇ヲ帯ルハ初起點ノ見ヘサル寸ニ驚風
ニ似タルヿアリ○官鬼白虎ヲ帯ヒテ日月動爻ノ刑冲克害
ニアフハ痰ヲ生スルカ左ナクハ結毒トス卦宮ニヨリテ其
何レノ處ナルヿヲ知ヘシ乾宮ニアレハ頭面トスルノタグ

イ○官鬼白虎ヲ帯ヒテ乾宮ニアルハ頭ニ疾アリ兌宮ニアルハ面ニ疾アリ離宮ニアルハ目震宮ニアルハ足巽宮ニアルハ股坎宮ニアルハ耳艮宮ニアルハ手坤宮ニアルハ腹ニ疾アリトス右イツレモ子孫ノ発動アルハ療治カナフヘシモシシカラスハ終身ノ病トシルヘシ○官鬼玄武ヲ帯ルハ陰虚ノ症縮漿黒陥ヲ防クヘシ○官鬼多クアラハルヽハ利シカラス多ケレハ痘瘡大小ノマチリアリ子孫ノ出現ナケレハ其内ニ賊痘アリテ外ノ痘瘡マテミナアシクナルヘシ

△子孫安静ニシテ氣アルニヨロシ発動シテ傷克ニ化スルハ大凶○子孫旺相シテ官鬼衰弱ナルハ痘花甚少クシテヨク過スヘシ○子孫多ク現スルハ利シカラスモシ多ク現ス

ルハ補薬ヲ用ユヘカラス補物ヲ食フヘカラス補フハ却テ害アリ○子孫発動シテ日月動変ノ傷克ニアハサルハ用薬ノ占ニハ即效アリトス○モシ兄弟発動スルハ飲食ヲ思ハストイヘ𪜈子孫又発動シテ世爻卦身用神ヲ生スルハ始ニ飲食ヲ思ハストイヘ𪜈何カ好ミノ一品ニヨリテ食ノス、ミトナルコアリ○子孫青龍ヲ帯ヒ日月動爻ノ刑冲克害ナキハ種痘ノ占ニ大吉トス

△妻財旺相ニヨロシク空亾ニ不利空亾スルハ飲食ヲ思ハズ安静ニヨロシク発動スルニ不利発動スレハ官鬼ヲ生助シ多食ニヨリテ脾胃ヲ傷フトス

△兄弟発動スルハ飲食少ク又ハ保養ユキト丶カズモシ間

爻ニアルハ胞脇ヲ寛ヘ氣ヲヒラクヘシ
△青龍原神ニツキテ発動シテ用神ヲ生合スルハ大吉○白虎忌神ニツキテ発動シテ用神ヲ傷克シ原神ヨリ助ルコナキハ大凶○玄武妻財ニツキテ発動シテ世爻卦身用神ヲ冲スルハ経水汚アル婦人ニヨリテ瘟瘡変スルコアリ○玄武應爻ニツキテ発動シテ世爻卦身用神ヲ冲スルモ外人ノ穢ニヨリテ瘟瘡変スルコアリ
△乱動ノ卦伏吟ノ卦ミナ凶○六冲ノ卦近病ノ占ニ吉トストイヘ𪜈瘟瘡ノ占ニハ凶始ニ起発シ难ク終モカシケアシ○六合ノ卦ハ起発シ易ク生合ニアフハ殊ニ吉

病體

病人ノ死生安危ハ其占法病症ト異ナル所アリ故ニ別ニ一卦ヲ起シテ考フヘシ其法子孫ヲ以テ医薬祈禱スヘテ病ヲ去ルノ用神トス旺相発動生扶拱合スルハ大吉トス但父母官鬼ヲ用神トスルノ占法ハ子孫発動ニ利シカラス発動スレハ官鬼ヲ克スルユヘナリ

○用神日建ニ臨ミ又日辰ノ生扶拱合アリテソノ上動爻ノ生扶アルモノハ大剛大壮ニシテ却テ不利モシ日辰動爻ノ刑克アルハ旺相ヲ吉トス○用神月建ニ臨ミ又動爻ノ生扶アリテ日辰ニ臨ムハ大凶トス刑克アルハ妨ナシ○用神墓絶空破ニアフテ生扶拱合スルモノナケレハ必死トスモシ生扶拱合アルハ妨ナシ○用神絶ニアフトイヘドモ動爻ヨリ

生スルハ絶處逢生ト云危シトイヘ圧救フヘシ○用神田頭克ニ変シテ月日動爻ノ助ナキモノハ目前甚危シ○用神太弱ナレハ病人氣体薄弱ニシテソノ病愈ヘ难シモシ日辰動爻ノ生扶アルハ重シトイヘ圧死セス○用神伏藏スルハタトヒ提抜アリ圧日辰ニアヒ月ニアヒ年ニアフヲ待テ愈ユヘシ近病ハ月日ヲ以テ断シ久病ハ年月ヲ以テ断ス○用神又ハ卦身ノ前後ニ官鬼二ツアリテコレヲ夾ムコレヲ名ツケテ双官夾用ト云死セズトイヘ圧終身ノ病トス卦身ニ官鬼ヲ持シテ又動爻変出卦身トナリテ官鬼ヲ持スルモ亦同シ官鬼用神ノ前後ニアルハ子孫用神ノ占ニ雷風恒ノ卦ヲ得ルカ如キコレナリ卦身ニ官鬼ヲ持シテ変出ノ卦身モ亦官鬼トナルハ地天泰ノ艮為山ニ変スルカ如キコレナリ

△世爻官鬼ヲ持スルハ病軽シトイヘトモソノ身ハアレズ○自己ノ病ヲ占フテ世爻官鬼ヲ持シテ日辰ニ墓シ又ハ墓爻ニ化スルヲ随官入墓ト云大凶トス○世爻ニ鬼墓ヲ持シテ発動スルモ大凶タトヘハ風火家人ノ官鬼酉金ニシテソノ墓丑ニアリ世爻丑ニツク地風升モ亦然リコレ世爻ニ鬼墓ヲ持スルナリソノ他火山旅風沢中孚乾為天ノ三卦アリ○世爻兄弟ヲ持スルハ飲食甚減ズルカ又ハ飲食ニヨリテ得ルノ病トス

△卦身子孫ヲ持スルハタトヒ病勢重シトイフトモ決シテ痊ユヘシモシ父母爻発動スレハ不利トス然レトモ父母ヲ制スルモノアレハ妨ナシ

△官鬼発動スルハ病勢必重シ長生ニ化スルハ日増ニ重クナルヘシ○官鬼発動ストイヘトモ日辰又ハ動爻ヨリ冲スレ

ハ凶トイヘ圧死セス○日辰ニ官鬼ヲ帯ヒテ用神又ハ世爻ヲ生合スルハ祈禱シテ免ル丶コアリ其祈ルヘキ神ハ五類六親ニヨリテ推シ考フヘシ用神父母ニシテ青龍ヲ帯ルカ日辰ヨリ生合スルハ天満天神ヲ祈ルニ宜ク用神妻財ニシテ勾陳ヲ帯ルハ田ノ神ヲ祈ルニヨロシキ類○官鬼空亡ニアフテ又伏藏スルハ甚不吉必用心アルヘシ

△妻財ヲ飲食トス卦中ニ妻財ナキカ又ハ空亡ニアフハ飲食ヲ思ハス

△父母発動スルハ薬ノ功ナシ兄弟ノ病ヲ占フニハ父母ノ発動スルヲ吉トス原神ナルユヘナリ

△子孫ヲ医薬トシ酒肉トス卦中ニ子孫ナキカ又ハ死絶空亡ニアフハ養生ノ食物ナシ○子孫発動スルハ病勢減スヘ

シモシ囬頭克ニアフハ病勢少シ愈ルニナリテ慎マスシテ
再ヒ重シ子孫官鬼ニ化スルモ亦然リ
△鬼墓ソノ卦ノ官鬼ノ墓スル爻ヲ云世墓ソノ卦ノ世爻ノ墓スル爻ヲ云主墓用神ノ墓スル爻ヲ
イフノ三ツノ内何レニテモ卦中ニアルカ又ハ官鬼世爻用神
三ツノ者変シテ墓ニ入ルハ其病甚危ク困ム○鬼墓二ツア
リテ卦身用神世爻ヲ夾ムモノハ必死スモシ日辰動爻ヨリ
墓ヲ冲スレハ恙ナカルヘシ
△應爻発動シテ用神ヲ生合スルハ病ヲ訪ヒ尋ル人アリ子
孫妻財ヲ帯ルハ贈物アリ兄弟ヲ帯ルハ贈物ナシモシ應爻
ヨリ生合スレ𪜈用神変シテ妻財トナルカ又妻財ニ刑冲克害
セラルヽハ必其贈リタル飲食ヲ用ユヘカラス却テ害ヲ生

スヘシ父母ヲ用神トスルノ占ニハ殊ニ忌ムヘシ
△凡病ノ安危ヲ占フハ子孫ヲ軽ンシテ原神ヲ重ンシ官鬼ヲ軽ンシテ忌神ヲ重ンス故ニ原神旺相発動スルハ用神衰弱トイヘ𪜈病痊ユヘシ忌神旺相発動スルハ用神出現不空トイヘ𪜈死ニ至ル

醫藥

医薬ノ占法應爻ヲ医人トシ子孫ヲ薬トス
△應爻大歳ニアフハ代々ノ医者トス○應爻月建日辰ヲ持スルハ官禄アルノ医者トス○應爻子孫ヲ持スルハ必下手ニアラスタノミテヨシ○應爻官鬼ヲ持スルハ良医ニアラスモシ世身用神ヲ刑克スルハ薬チカヘニテサヽワルフア

リ○應爻忌神ヲ持スルハ其薬ヲ服スヘカラス○應爻世爻ト比和スルモ卦中ニ子孫ナクンハ別ニ医ヲ改メテヨシ○應爻空亡ニアフハ他出ニテ来ラサルカ又ハ其薬效ナキカ

△子孫旺相スルハソノ薬病ニ勝ツテ吉モシ子孫休囚シテ官鬼旺相スルハ薬軽ク病重シ服スルモ功ナシ○子孫進神ニ化スルハソノ薬功アリ退神ニ化スルハ功ナシ○子孫発動シテ回頭克ニアフハ功ナシ○子孫発動ストイヘトモ忌神ニ化スルハ却テ薬ニヨリテ命ヲ害ス○子孫墓絶刑克等ニアフハ其薬功ナシ○子孫離宮ニアリテ又火ニ属スルハ熱薬又ハ灸治ニ利シ○子孫坎宮ニアリテ発動シ或ハ水ニ属シテ発動スルハ発汗ニヨロシ○子孫金爻ニ属スルハ針治

又ハ小刀鋲ナトノ療治ニヨロシ○子孫空亡ニアフテソノ
上妻財官鬼𪜈ニ発動スルハ其薬殊ニ功ナシ○子孫空亡官
鬼又空亡シテ冲ナク併ナケレハ其病自ラ愈ユ薬ヲ待タス
○日辰子孫ニ臨ミテ用神ヲ生合スルハ不圖医人アリテ療
治ヲウケテ功アルヿアリ○子孫官鬼ニツ𪜈ニ発動スルハ
薬ノ的中セサルニハアラス鬼神ノ祟ナトアルヿアリ服薬
祈禱両様𪜈ニ用ユヘシ○卦中ニ子孫両爻アリテ𪜈ニ発動
スルハ両様ノ薬ヲ隅貼ニ用ヒテヨシ○第五爻発動シテ子
孫ニ化スルハ途中ニ医者ニアフテ其薬功アルヘシ○子孫
ノ方位等ヲ以テ医ヲ求ム子水ノ子孫ハ北ノ方ノ医ニヨロ
シク丑土ノ子孫ハ東北方ノ医ヨロシキ類又寅卯ノ子孫ハ

其姓名木ヘン草冠ノ医者ヨロシク又ハ寅ノ年卯ノ年生レノ医者ヨロシトスル類

△官鬼発動スルハ妙薬アリトイヘ𪜈急速ニハ功ヲナサズ墓絶ノ日ニ至リテ效ヲミルヘシ○官鬼進神ニ化スルハ病勢定マラズ或ハ益盛ナリトス退神ニ化スルハ漸々ニ減スヘシ○官鬼日辰ヲ持シテ発動スルハ久病ニアラズシテニハカニハケシキ病トス○卦中ニ官鬼ナクシテ日辰ニ官鬼ヲ帯ルハ眼前ハケシキ病ニシテ此日ヲ過テ薬功アルヘシ○官鬼世爻又ハ卦身ニツクハ其薬功ナシ○官鬼卦身ヲ持スルノタトヒ衰弱トイヘ𪜈其病愈難シ○官鬼世爻用神ノ下ニ伏蔵スルハ其病愈ユトイヘ𪜈根ヲ絶タズ後日ニ再発

スヘシ○官鬼発動シテ間爻ヲ冲克スルカ又ハ間爻ニアリテ発動スルハ胸膈不利トス胸膈ヲ寛ヘヒラクノ薬ヲ用ユヘシ○官鬼木爻ニ属スルハ風邪ヲ除キテ後薬功アリ○官鬼木ニ属スルハ寒薬ヲ忌ムヘシ火ニ属スルハ風薬ヲ忌ムヘシ土ニ属スルハ熱薬ヲ忌ムヘシ金ニ属スルハ丸薬ヲ忌ムヘシ水ニ属スルハ針刀ヲ忌ムヘシ○官鬼火ニ属シテ陰宮陰爻ニアルハ陰虚火動ノ症滋陰降火ノ剤ニヨロシ水ニ属シテ内卦ニアルハ血氣虚損ノ症補中益氣ノ剤ニヨロシ其餘皆此類ヲ推考フヘシ○官鬼火ニ属スルハ其病熱トス涼薬ニヨロシ金水ニ属スルハ其病寒トス温熱ノ剤ニヨロシ又官鬼火ニ属シテ旺相生扶スルハ大寒ノ薬ヲ用ヒ水ニ

属シテ旺相生扶スル𪜈大熱ノ剤ヲ用ルニ利シ○卦中ニ官鬼ナキカ又ハ伏藏スルハ其病隠伏シテ病因ヲ知リ难ク妄ニ薬ヲ用ユル𪜈功ヲ得难シ

△父母卦身又ハ世爻ニツクハ其薬功ナシ○父母発動スル𪜈薬功サシ故ニ安静ニヨロシモシ日辰動爻ヨリ克スル寸ハツノ薬ヲ多ク服シテ後功アリ○卦中ニ父母ナキハ藪医者ナドニ云ノ類ニメ医方ニ明カナラサル所アルカ○父母発動シテ世爻用神卦身ヲ生合スルハ薬ヲ服セズシテ間静無事ヲ以テ養生スヘシ

△妻財発動スルハ病ヲ助ケテ凶○妻財発動シテ水ニ属スルハ魚物冷物ヲ忌ミテヨシ火ニ属スルハ熱物熱物ノ類ヲ

忌ムヘシ金ニ属スルハ堅キ物塩カラキモノヲ忌ムヘシ木ニ属スルハ風ヲ動カス物ヲ忌ムヘシ土ニ属スルハ油ツヨキ物滑ナル物ヲ忌ムヘシ○妻財外卦ニアルハ吐トスモシ用神ヲ生合スルハ吐剤ヲ用ヒテヨロシ

△世爻空亡ニアフハ医薬ヲ求ルノ心誠專ナラス或ハ其医ヲ信セス其薬ヲ用ヒサルコトアリ○用神休囚墓絶ニアフカ又ハ変シテ墓絶ニ入リテツノ上ニ克害アルハタトヒ良医トイヘ氏救フコト能ハス○用神休囚墓絶ニアフハ補薬ヲ用ヒテ功アリ

△青龍木爻ニツキテ用神ヲ生合スルハ家事ヲ抛チ胸中ヲ寛ヘ放チテ薬ヲ用ユヘシ

詞訟

詞訟ノ占法卦身ヲ詞訟ノ事体トシ世ヲ己トシ應ヲ相手トシ間爻ヲ證人又ハ中人トシ父母ヲ訴状トシ官鬼ヲ聽訟ノ役人トシ子孫ヲ和解ノ人トシ妻財ヲ理トシ兄弟ヲ衆人トス而メ勝負ハ世應ノ強弱ヲ察シ罪ノ軽重ハ官鬼ノ旺衰ヲ考ヘ消散ハ子孫生旺ト官鬼墓ニ入ルノ時ヲ以テ断スハ世爻旺相生扶シ應爻休囚死絶スルハ我強ク彼弱シ是ニ反スルハ彼強ク我弱シ○世爻ヨリ應爻ヲ冲克スルハ彼ニ勝ニハ非ノ彼ヲアナトリ欺クトス應ヨリ世ヲ冲克スルハ是ニ反ス○世應生合スルハ和解ノ意アリ世ヨリ應ヲ生スルハ我ヨリ和セント欲ス應ヨリ世ヲ生スルハ彼ヨリ和セ

ント欲スモシ世應トモニ発動シテ空亡ニ化スルハ相倶ニ實意ニアラス〇世應比和スルモ相倶ニ和解ノ意アリモシ官鬼発動シテ克スルハ和解セント欲ストモ上ヨリユルサスモシ子孫発動スレハツイニ内済スヘシ〇世爻官鬼ヲ持スルハ我理ヲ失フ官鬼ニ化スルハ官吏ニヨリテ身ヲホロホスモシ應爻官鬼ヲ持シ官鬼ニ化スルモ彼理ヲ失ヒ身ヲホロホス〇世應トモニ旺相発動スルハ其勢甚強大ナリトイヘトモモシ変シテ墓絶ニアヒ又ハ空亡トナルハ先強ク後弱シ世ノ変スルハ我トシ應ノ変スルハ彼トス何レニテモ同シ〇世爻発動スルハ我ニ謀アリモシ官鬼兄弟回頭克ノ三ツニ化スルハ失策トス應爻発動スルハ彼ニ謀アリ世爻ヲ克

スルハ凶○世爻空亡ニアフハ我ト争ヲヤムル心アリ應爻空亡ニアフハ両方𪜈ニヤムル○世爻衰弱トイヘ𪜈月建日辰動爻変爻等ヨリ生合スルハ貴人ノ助アリテ彼ノ心ニマカセスモシ應爻衰弱トイヘ𪜈生合アルハ亦貴人彼ヲ助クル故我ノ勝トナリ难シ○世爻生合スルモノナクソノ上刑尅スルモノアルハ甚凶決シテ争フヘカラス○世爻ニ月建ヲ帯ルハ貴人ノ助アリ應爻ニ帯ルハ貴人彼ヲ助ク○世爻墓ニ入リ墓ニ化シ鬼墓ヲ持スルハ全体ノ卦体凶ナル寸ハ必入牢スヘシモシ白虎ヲ帯レハ牢内ニテ病ヲウク○應爻旺相発動ストイヘ𪜈生合スルモノナキハ彼強シトイヘ𪜈畏ル丶ニタラス

△卦身ヲ詞訟ノ吏体トス旺相スルハ大トシ休因スルハ小トス発動スルハ急トシ安静ナルハ緩トスモシ空亾伏蔵スルハ虚説多ク飛伏ニナキハ其事タヘテ虚トス

△間爻ヲ證人又ハ中人トス世ヲ生シ世ヲ合スルハ我ヲ助ケ應ヲ生シ應ニ合スルハ彼ヲ助ク○世ニ近キ間爻ヲ我ノ證人トシ應ニ近キ間爻ヲ彼ノ證人トス○間爻世ヲ冲克スルハ我ヲニクム應ヲ冲克スルハ彼ヲ悪ム○衰弱ノ間爻我ヲ生シ旺相ノ間爻彼ヲ生スルハ我ヲ助ル者カナク彼ヲ助クル者カアリモシ是ニ反スルハ亦反メミルヘシ○発動ノ間爻應ヲ生シ安静ノ間爻世ヲ生スルハ彼ヲ助クル者ハ進ミテ我ヲ助クル者ハ出テスモシコレニ反スルハ亦反シテ

ミルヘシ○間爻世ヲ冲克シテ應ヲ生合スルハ中人謀ヲ含セテ我ヲ陥シイルトスモシ官鬼ヨリコレヲ克制スルカ又ハ日辰ヨリ冲克スルハ其謀行ハレスシテ恙ナシ

△官鬼ヲ訟ヲサバク役人トス発動シテ應ヲ克スルハ我勝世ヲ克スルハ我負○官鬼第五爻ニアリテ大歳ヲ持スルハ其事朝廷ニテカヽリアフテ評定所ハカヽリノ沙汰ニテハ済マス○官鬼発動シテ世爻ヲ刑克スルハ理アリトイヘトモユルサレス○官鬼第五爻ニアリテ月建ヲ持スルハ其事評定ニカヽリテ支配ノ頭人ハカリニテサバキナラス○官鬼両爻アルハ役人ノカヽリ一手ニ非ル故ニ叓体反覆スルヿアリ○卦中ニ官鬼ナキハ役人ヨリトリアゲス○官鬼世下ニ

伏藏スルハ目前訟ニ至ラストイヘ𪜈其根長クアリテ提抜ノ時ニハ訟トナルヘシ

△父母ヲ訴状トス應爻ニツクハ彼ヨリ訴ヘントシ世爻ニツクハ我ヨリ訴ヘントス発動スレハ既ニ訴ヘント謀ル発動セサレハ未タ訴ヘス○スヘテ上ヘ訴ヘ出ルハ父母官鬼𪜈ニ氣アリテ空亡セサレハトリアケラルヘシ妻財発動シテ父母ヲ剋スレハ成ラス○父母旺相ストイヘ𪜈官鬼休囚スルハ訴ヘ出ル事大ナルカ如クニシテ其實ハ細故トス○父母官鬼𪜈ニ発動スレハ訟ヲ成スヘシモシ父母氣アリトイヘ𪜈官鬼化シテ子孫トナルハ既ニ訴ヘントシテ人ノトリトヽムルニヨリテヤムヿアリ○父母化シテ兄弟トナルハ

訴状ニ非ヲウタルヘシ○父母スヘテノ冲ニアフハトリアケナシ○父母世爻ヲ生合スルハ自ラ訴ヘテ用捨ヲウクルフアリ○父母月建ノ合ニアフハ上ニタツ者ヨリ手ヲ入レテセワアルヘシ○父母化シテ墓絶空亾ニ入リ官鬼又ハ日辰ヨリ世爻ヲ刑冲克害スルハ訴ヲトリアケラレスシテ咎メヲ受ルトス○卦中ニ父母ナキハ訴状成ラスアリトイヘトモ刑ヲ帯ヒ傷克ヲウクルハユキトヽカサル憂アリ妻財ニ化スルモ同シ○父母両爻アルハ再ヒ訴ヘテ成ルヘシ
△妻財ヲ理トス世爻ニツケハ我理アリ應爻ニツケハ彼理アリ○妻財官鬼ノ刑ニアフハ理アリトイヘトモユルサレス
○妻財発動スルハ既ニ訟ヘタル後ナラハ金銀等ヲ以テ役

人ヲアツカフヘシモシ子孫ヨリ官鬼ヲ冲スレハ費ヤスト
イヘ𪜈益ナシ
△兄弟世爻又ハ卦身ニツクハ其事衆人ニカヽリアヒアリ
モシ発動スレハ大ニ金銭等ヲ費スソノ上白虎ヲ帯ルハ家
ヲツブスホトノ費アリモシ應爻ニツケハ彼ニ災禍アルヘ
シ○兄弟間爻ニアルハ訟ノ詞諸人ニカヽリアフヘシ発動
スルハ中人證人ナト金銭ヲ貪ルモシ應ヲ克スルハ彼ヨリ
得ントシ世ヲ克スルハ我ヨリ得ントス
△子孫卦身ニツキテ出現発動スルハ消散シテ訟ヲ成サス
○六爻安静ニシテ子孫ヒトリ発動スルハ世應生合セスト
イヘ𪜈人ノトリモチニテ内済ス

△大歳世爻ヲ生合スルハ入牢ノ者赦ニアフヿアリ○月建世爻ヲ生合スルハ上タル役人ノ宥免ヲウクルヿアリ○日辰世爻ヲ生合スルハ役人ノ用捨アルヿアリ○日辰官鬼ヲ克シ又ハ冲スルハ官鬼発動シテ世爻ヲ刑克ストイヘトモ旁人ノ言ニヨリテ宥メユルサルヽヿアリ○世墓ノ爻鬼墓ノ爻発動スルハ入牢ノ象トイヘトモ日辰ヨリ刑冲克破スルハ出牢スヘシ

△罪ノ軽重ヲ考ルハ官鬼ヲ以テ推スヘシ旺相スルハ重ク休囚スルハ軽シ白虎ヲ帯ヒ刑ニアヒ旺相発動シテ世ヲ克スルハ火爻ハ極刑ヲウケ金爻ハ組ニ入レラレ或ハ金堀ニセラルヽノ類木爻ハ敲キヲウケ水爻土爻ハ奴ナトノ類皆

旺衰ト制スルモノ、有無強弱ヲ以テ断スヘシ

△何レノ時ニ落許スルヲ考ルハ子孫発動シテ官鬼安静ナルハ子孫生旺ノ月日ヲ以テ断シ官鬼発動子孫安静ナルハ官鬼墓ニ入ルノ月日ヲ以テ断ス

考フヘシ

五行易指南巻之七 終

五行易指南巻八

失物

鬼門　鼓缶子　述

失物ノ占法失フ所ノ物ハ五類ヲ以テ分チテ用神トシ衣服ハ父母ヲ用ヒ金銀ハ妻財ヲ用ルノ類官鬼ヲ盗人トシ獨発ノ父亦盗ミタル人得タル人トシ子孫ヲ盗人ヲ見ツケル人トス而ノ物ノアル處盗人ノカクルヽ處等ヲシラント欲スルハ家宅逃込等ノ諸條ヲ合セテ考フヘシ

△用神内卦ニアルハ家ノ内ヲ尋ヌヘシ外卦ニアルハ他ノ處ニアリ○用神本宮ノ内卦ニアルハ其物イマタ家ヲ出テ又他宮ノ外卦ニアルハ其物ステニ家ヲ出ツ得难シモシ間

爻ニアルハ近鄰ナトヲ尋ヌヘシ○用神発動スルハ変動アリ尋ヌルヿ容易ナラス○用神発動シテ日辰ノ合ニアフハ物ニヲヽワレテ見ヘサルナリ沖中逢合ハ得ヘシ合處逢沖ハ得難シ○用神安静ニシテ世ヲ持シ世ヲ生シ世ニ合スルハ其物散亂セス尋子ヤスシ旺相生扶シテ空亡ニアハサルハ殊ニ吉○用神墓ニ入リ墓ニ化シ墓下ニ伏藏スルハ器物ノ中ニアリ墓ヲ沖スルノ日ニ至リテ見出スヘシ○用神鬼墓ヲ持スルハ寺院又ハ墓場ナトニアリモシ本宮ノ内卦ナレハ棺ノ側又ハ坐席ノ上ナトニアリ螣蛇ヲ帯ルハ神佛ノ像アル處祠堂ナトニアリ○用神化シテ子孫トナリ子孫化シテ用神トナルハ其物禽獣ノヲル處ニアルヿアリ子ノ爻

ナレハ胤合シ去ル丑ノ爻ナレハ牛小屋ノ邉午ノ爻ナレハ厩ノ邉酉ノ爻ナレハ鳥屋ノ邉トスルノ類モシ合アレハ其中ニアリトシ合ナケレハ其近處ニアリトス

△用神木ニ屬スルハ竹木ノ林中又ハ薪材木等ノ中ニアリ○用神火ニ屬スルハ爐ノ邉竈ノ邉或ハ火鉢燈籠ナトノ類ノ處ニアリ○用神土ニ屬スルハ瀬戸物スヘテノ土器或ハ土藏瓦屋ナトノ中ニアリ○用神金ニ屬スルハ銅鉄錫鉛等ノ器中ニアリ○用神水ニ屬スルハ池沼井戸ナトノ邉ニアリ

△用神初爻ニアリテ水ニ屬スルハ井ノ中ヲ尋ヌヘシ○用神ニ爻ニアルハ竈ナトノ邉ニアリ○用神三爻ニアルハ部

屋ノ内ニアルカモシ官鬼ノ下ニ伏藏スルハ祠堂ノ内ナト
ニアリ○用神四爻ニアルハ門戸ノ邊ニアルカ○用神五爻
ニアルハ道路ヲ尋ヌヘシ○用神上爻ニアルハ棟梁ノ上ナ
トニアリ

右二段五行ノ分属六爻ノ位ヲ以テ大略ヲ論ス其詳
ナルコトハ家宅逃亡等ノ諸條ヲ合セ考ヘテ活断スヘ
シ徒ニ拘ハルヘカラス下段伏藏ヲ論スル處モ亦然
リ

△用神伏藏シテ動爻又ハ日辰ノ暗冲ニアフハモシ官鬼安
静ナレハ盗マレタルニアラスシテ人ニ置處ヲカヘラレタ
ルナリ○用神應爻ノ下ニ伏藏シ或ハ應爻ニツキテ世爻ニ

合シノノ上官鬼空亡又ハ伏藏又ハ死絶安靜ナレハ自ラ人ニ假シタルヲ忘レタルニテ盜マレタルニアラス○用神子孫ノ下ニ伏藏スルハ寺院又ハ卑幼ノ者ノ處ニアリ○用神父母ノ下ニ伏藏スルハ坐敷又ハ尊長ノ處ニアリ或ハ合アルハ衣服簞笥又ハ書物箱ナトノ内合ナキハ衣服書物ナトノ内ニアリ○用神兄弟ノ下ニ伏藏スルハ本宮ハ兄弟從兄弟ノ處他宮ハ朋友同學同役ナトノ處ニアリ○用神官鬼ノ下ニ伏藏スルハ貴人又ハ寺院ナトノ處ニアリ

△官鬼発動スルハ人ニ盜マル、トス○官鬼旺相発動シテ世爻ヲ刑克スルハ盜人ヲ捕ヘントシテ却テ害ヲウクルヿアリ○官鬼陽ニ属スルハ男ヌスム陰ニ属スルハ女ヌスム

○官鬼陰爻ニシテ化シテ陽爻トナルハ女ヌスミテ男ニワタス陽爻化シテ陰爻トナルハ男ヌスミテ女ニワタス○官鬼生旺スルハ壯年ノ人墓絶ニアフハ老年ノ人胎養ニアフハ小兒刑害ヲ帯ルハ病人ヌスム○官鬼本宮ノ内卦ニアルハ家内ノ人ヌスム他宮ノ内卦ニアルハ借地借屋ナトノ人又ハ家内ニヲル他人ヌスム○官鬼日辰ノ合ニアフハ盗人ヲカクシヲク者アッテ見出シ难シ○官鬼日辰又ハ動爻ノ刑克ニアフハ盗人其時ニアタリテ驚キ迷フヿナトアルヘシヨクスレハ捕フヘシ○官鬼月建ヲ持スルハ強盗トス○官鬼大歳ヲ持スルハ徒黨子方アル盗人トス○官鬼氣ナク又死絶ニアフテ動爻日辰ノ助ニアフハカ子ヲ慣レタル盗

人トス○官鬼墓ニ入リ又ハ化シテ墓ニ入リ又ハ墓下ニ伏藏スルハ其盗人深ク隠レテ捕ヘ难シモシ動爻日辰墓ヲ冲スルハ捕ヘ得ヘシ○官鬼スヘテノ冲ニアフハ盗人ノヲル處ヲオシヘル者アリ○世爻発動シテ官鬼ヲ冲スルハ我サトリテ見出ス○應爻官鬼ヲ冲スルハ他人見ツケルモノアリ他ノ爻発動シテ官鬼ヲ冲スルモ同シ○官鬼化シテ子孫トナリ子孫化シテ官鬼トナルハ僧ナトノ入交ルヿアリ○官鬼両爻アルハ盗人一人ニアラス両爻共ニ発動スルハ内ニ手引スルモノアルヿアリ内卦ノ官鬼発動シテ外卦ノ官鬼安静ナルハ家内ノ人盗ミテ外人ニワタス外卦ノ官鬼発動シテ内卦ノ官鬼安静ナルハ家内ノ人ニ其叓ニ加ハリタ

ル者アリ○卦中ニ官鬼ナク或ハ官鬼空亡ニアヒ或ハ官鬼衰絶安靜ナルハ多クハ自ラ忘レタルニテ盗マレタルニアラス○卦中ニ官鬼ナク又ハ空亡ニアフテ世爻発動スルハ自ラ忘ル丶トス○盗人ヲ捕ヘルヿヲ占フニ卦中ニ官鬼ナキハ盗人カクレテ見ヘス何レノ處ニ伏藏スルト云ヲ察シテ其在處ヲシルヘシモシ変爻ニ官鬼アレハ伏藏ノ爻ヲ論セス妻財ノ下ニ伏藏スルハ婦人妻妾奴僕ノ處ニアリトスルノ類前ノ失物用神伏藏ノ一段ヲ合セテ考フヘシ○官鬼世爻ト刑冲スルハ其盗人我ト中アシキ者トス生合スルハシタシキ人トス○官鬼世爻ノ下ニ伏藏シテ飛神ヲ克スルハ人ニカクサレテ捕ヘ難シモシ世爻ヨリ其伏藏シタル官鬼ヲ克スルハ捕ヘ得ヘシ○官鬼空亡ノ爻ノ下ニ伏

藏スルハ其盜人借家シテヲリ人ノカクスニハアラス後ニハ見出サルヘシ

△官鬼木ニ屬スルハ其盜人土塀ヲコヘ土穴ヲクヽリテ入ル木克土ユヘナリ下モ同シ○官鬼火ニ屬スルハ錠ヲ破リカケカ子ヲハツス○官鬼土ニ屬スルハ堀ヲコヘ河ナトヲワタル○官鬼金ニ屬スルハ板塀ヲコヘ竹木ノ籬ヲ破ル○官鬼水ニ屬スルハ燈ヲケシ水ヲツヽク○官鬼木ニ屬シテ火爻ニ化シ火ニ屬シテ木爻ニ化スルハ燈ヲ提ケ棒ヲモチ來ルヿナトアリ

△盜人何レノ方ノ者ト云ヲシルハ八卦ノ方位ヲ以テ推スヘシ官鬼乾宮ニアルハ西北方ノ人トスルノ類

△盗人ノ容貌ヲシルハ六神ノ形体情性ヲ以テ考フヘシ官鬼騰蛇ヲ帯ルハ長高ク痩タルトシ白虎ヲ帯ルハ肥タルトスルノ類

△盗人何レノ處ヨリシノビ入リタルト云ヲシルハ官鬼克スル所ノ六爻ノ位ヲ以テ分ツヘシ初爻ヲ克スルハ門ヲコヘテ入ルトシ上爻ヲ克スルハ垣ヲコヘテ入ルトスルノ類

右二條養人家宅失物等ノ諸條ヲ合セテ考フヘシ

△子孫発動スルハ盗人ヲ見ツケルヿアリ○子孫旺相発動スルカ又ハ世爻ニツクカ又ハ日月ヲ持スルハ盗人ヲ捕ヘ得ヘシ強悪ノ盗賊トイヘ𪜈恐ル丶ニタラス○子孫子ノ爻ナレハ海川ノ獵師又ハ科頭ノ人笠冠ナトヲ着スシテ頭ヲアラハス人見ツケ

ルヿアリ○子孫丑ノ爻ナレハ牛飼牛引又ハ胴突人足左官ナト見ツケルヿアリ○子孫寅ノ爻ナレハ大工又ハ材木屋ナトノ類見ツケルヿアリ○子孫卯ノ爻ナレハ呉坐織艸履作リ又ハ木キリ草刈或ハアラ物賣ナト見ツケルヿアリ○子孫辰ノ爻ナレハ井戸ホリ堀サラヘ畑ホリナト見ツケルヿアリ○子孫巳ノ爻ナレハ針師ノ女又ハ蛇ツカヒナト見ツケルヿアリ○子孫午ノ爻ナレハ瓦ヤキテウチン屋又ハ馬乗馬口勞ナト見ツケルヿアリ○子孫未ノ爻ナレハ灰問屋又ハ耕作人ナト見ツケルヿアリ○子孫申ノ爻ナレハ鍛治カサリ師又ハ猿マワシナト見ツケルヿアリ○子孫酉ノ爻ナレハ仕立屋又ハ酒屋酒ノミナト見ツケルヿアリ○子

孫戌ノ爻ナレハ土ホリ又ハ狗引ナト見ツケルヿアリ○子孫亥ノ爻ナレハ水汲又ハ洗濯スル者又ハ湯屋ヘ往來ノ人ナト見ツケルヿアリ

△兄弟発動スルハ妻財ヲ用神トスル類ノ物ハ散亂シテ尋子難シ

△妻財発動スルハ其墓爻ノアル處ヲ盜ミタル物ヲカクシ置タル所トス午ノ妻財ナレハ戌ノ方ニアリトスル類

△盜人ノ用心ヲカ子テ占フニハ官鬼休囚安靜或ハ日辰沖散或ハ子孫発動スルハ吉モシ官鬼ヲ制スルモノナク発動シテ世爻ヲ克スルハ凶モシ官鬼世爻ノ下ニ伏藏スルハ日前無事トイヘ圧官鬼提援ノ時ニ其難アルヘシ

逃亾

逃亡ノ占法五類世應ヲ以テ用神トシ父母ヲ音信トス其他皆通法ニ異ナルヿナシ

△用神発動スルハ其属スル爻ヲ向フ所ノ方トシ変スル爻ヲ轉シタル方トス（タトヘハ用神午ニシテ化シテ寅トナルハ始ニ正南ニヲモムキテソレヨリ東北ニ轉スルナリ）○用神発動スルハ其人一所ニトヽマラサル故尋ヌルニ容易ナラス○用神安静ナルハ其属スル爻ヲユク所トス（タトヘハ用神午ナレハ正南トスルノルイ）○用神安静ナルハ尋子ヤスシ○用神退神ニ化スルハ捕ヘ难シモシ世爻又ハ日辰動爻ノ制克ニアフハ捕フヘシトイヘ𪜈久シカラスシテ後逃ルヘシ○用神克ニアフハオサヘトヽメラルヽヿアリ○用神日辰又

ハ動爻ノ制克ニアフハ捕フヘシモシ変出シタル爻ヨリ用神ヲ生合スルハ捕ヘテ後又逃ル、ヿアリ〇用神冲ニアフハ人ニトヽメラル、ヿアリ〇用神日辰又ハ動爻ノ冲ニアフハ家内ニ其支ヲシリテ逃レシムル者アルヿアリ其人ハ亦五類ヲ以テ察スヘシ〇用神日辰ヲ持シ又ハ日辰ノ生扶アルハ同伴アルヿアリ〇用神日辰又ハ動爻ノ合ニアフハカクシ置ク者アリ其人ヲシラント欲セハ五類ヲ以テ考フヘシ合爻父母ナレハ尊長トシ兄弟ナレハ朋友トスルノ類〇用神発動シテ本官ノ妻財ト合スルハ婦人ヲ誘フテ去ルモシ妻財世爻ノ下ニ伏藏スルハ占フ人ノ妻妾トシ應爻ノ下ニ伏藏スルハ他人ノ妻妾トス〇用神休囚シテ死絶ニアフハ墓處ノ近邉ニヲルヿアリ○用神モシ辰戌丑未ノ四墓爻ニアラハ辰戌丑未ノ方ト断セス五行ノ分属ヲ以テ方位ヲ断ス辰ナレハ亥子ノ方トシ辰ハ水ノ墓ナル故ナリ戌ナレハ巳午ノ方トスル類ナリ戌ハ火ノ墓ナル故ナリ○用神鬼墓ヲ持シテ発動スルハ寺院堂社ナトニカクル○用神上爻ニアルハ遠ク去ル○用神本宮ノ内卦ニアルハ其處ニヲル外卦ニアルハ其國ノ内ノ別所ニヲルモシ他宮ノ内卦ニアルハ他國界ノ處ニヲル外卦ニアルハ他國ヘ出ル○用神空亾ニアフハヲル處シレス○用神刑冲克害ニアハス又世爻ヲ生合スルヿナク又世爻ヨリ用神ヲ克スルヿモナキハ逃レタル者皈ル心ナク尋ヌル者見ツケルヿ能ハス一タヒ去リテ皈ラサルノ象

△用神木ニ属シテ震宮ニアルハ京都江戸ナトヘユクトス○用神木ニ属シテ坎宮ニアリテ発動スルハ舟ニノリテ去ル木爻水ニ化シ水爻木ニ化シ或ハ水爻木宮ニアリテ発動スルモ皆同シ○用神金ニ属シテ兌宮ニアルハ寺院ナトニアリ

右用神アル所ノ八卦五行ヲ以テ一二ヲ擧ケテ大概ヲ論ス詳ニ前ニ述ヘタル卦象爻象等ヲマシヘテ考フヘシ

△用神伏藏スルハ其飛爻ヲ以テカクル丶所トス○用神官鬼ノ下ニ伏藏スルハ御倉場ナトノ邊ニアリモシ官鬼旺相シテ月建ヲ持スルハ大官大禄ノ家休囚氣ナキハ小官小禄

ノ家ニアリ○用神父母ノ下ニ伏藏スルハ伯叔父母ナトノ處或ハ藝人ナトノ處ニアリ○用神兄弟ノ下ニ伏藏スルハ兄弟朋友ナトノ處ニアリ○用神妻財ノ下ニ伏藏スルハ妻妾奴僕スヘテノ陰人ノ處ニアリ○用神子孫ノ下ニ伏藏スルハ卑者幼者又ハ寺院ナトノ邊ニアリ○用神四墓爻辰戌丑未ノ下ニ伏藏スルハ官鬼ノ墓ハ寺院堂社ノ邊ニアリトシ妻財ノ墓ハ倉場又ハ富家ナトニアリトス

△世爻用神ヲ持シ又ハ用神ニ合シ又ハ用神ノ生ニアフハ其人後日ニ皈ルヘシ尋ルヿモ亦ヤスシ○世爻用神ヲ克スルハ其人遠ク去ルトイヘ𪜈捕ヘヤスシ○世爻用神ノ克ニアフハ尋テ難シ○世爻用神ノ克ニアフハ冲ニアフトイヘ

𪜈不圖アフノミニシテ捕フルヿ能ハズ◯世爻月建日辰動爻変爻等ノ冲克ニアフハ其人ヲ捕ヘントシテ却テ害ニアフヿアリ◯世爻兄弟ヲ持シテ発動スルハ尋ルニ金銭ヲ費スヿアリ◯世爻空亡ニアフハ尋ヌル心ナキカ又ハ尋ルトイヘ𪜈ユキトヽカス◯世應𪜈ニ空亡ニアフハ尋ヌヘキ處ナクシテ皈ルヿアリモシ兄弟獨発スレハ偽アルヿアリ尋ヌル𪜈見ヘ难シ

△変出ノ卦同宮ノ卦ニ化スルハ乾ノ卦変シテ姤遁否観剥ノ卦トナルノ類其處ニアリテ遠ク去ラス◯皈魂ノ卦ハ其人皈ル心アリモシ世爻ヲ生合スルハ自ラ皈ルヿアリ尋ルモ見ヘヤスシ◯游魂ノ卦ハ其人皈ル心ナシモシ用神発動スルハ尋ヌル𪜈見ヘ

ス〇用神他宮ニアリテ又他宮ニ変スルハ遠ク去リテ又他
ヘ轉ス
△彼ノ處ニヲルカト心ツク處アリテ占フニハ世應生合比
和シテ用神出現シ空亡ニアハサレハ必其處ニアリ
△父母発動シテ世ヲ生シ世ニ合スルハ音信アリ〇父母発
動シテ官鬼トナルカ官鬼発動シテ父母トナルカ又ハ官鬼
父母𪜈ニ発動スルハ上ヘ訴ヘ出テ役人ノ尋テニテ捕フヘ
シ〇父母空亡ニアフハ絶テ音信ナシ
△逃ルヽ者自ラ占フニ子孫世爻又ハ卦身ニツクハイカナ
ル亊アリ𪜈スヘテ障ナシ〇逃ルヽヲ占フニ日辰世爻ヲ生
合スルハ世話スル人アリ〇逃ルヽヲ占フニ世爻墓ニ入ル

ハオサヘト、メラレテ恥ヲウクルヿアリシカラスハ出テ後ニ病アルカ○逃ル、ヲ占フニ動爻玄武ヲ帯ヒ旺相シテ世爻ヲ克スルハ劫カシ欺キテユスリ貪ル人アルヿヲ用心スヘシ

避害

一擾徒黨ノ類アルカスヘテ兵亂ノ時ニアタリ亂妨狼籍ノ恐アリテコレヲ避ルノ方ヲ占フハ尋常出行避害ノ占法ト同シカラストイヘ𪜈其大要ハ官鬼ノ方官鬼克スル所ノ方ニ往クヿヲ忌ミ子孫ノ方又ハ我ヲ生スルノ方ニ避ルヲ吉トス○官鬼アル卦官ノ方位ハ賊ノアル處子孫アル卦官ノ方位ハ賊ノ來ラサル處トス○官鬼旺相發動スルハ亂賊ノ

勢甚盛トシ休囚安静ナルハ弱シトスモシ日辰動爻官鬼ヲ制スルハスヘテ恙ナシ○亂兵我ノ地方ニ來ルヤ否ヤヲ占フハ官鬼本宮ノ内卦ニアリテ発動スルハ必來ル他宮ノ外卦ニアルハ來ラスモシ世爻ニツキ内卦ニアルハ我ノ家ノ内ニ來ル外卦ニアリテ應爻ニツクハ我ノ家ニ入ラス卦身ニ官鬼ヲ帯ルモ亦來ルトス官鬼発動シテ退神ニ化スルハ他所ニユク進神ニ化スルハ速ニ來ル早ク避ヘシ○内卦ヲ家トス官鬼内卦ニアリテ発動スルハ家ニ居ルヘカラス外卦ヲ路上トス官鬼外卦ニアリテ発動スルハ外ニ出テ賊ニアフトス○官鬼発動ストイヘモ世爻ヲ刑冲克害セサルハ禍ニアハスモシ刑冲克害スルハ逃レ难シ○官鬼発動シ世

爻ヲ刑冲克害ストイヘ𪜈日辰動爻ヨリ官鬼ヲ冲克スルハ救フヿアリ○官鬼発動ストイヘ𪜈化シテ死墓空絶ニ入ルハ凶トイヘ𪜈大禍ナシ○月建日辰官鬼ヲ帯ヒテ世爻ヲ刑冲克害スルハ卦中ニ官鬼ナシトイヘ𪜈禍ヲ免レス○官鬼発動シテ世爻ヲ傷、ヘトイヘ𪜈妻財発動シテ世爻ヲ傷フハ財物ヲ貪ルニヨリテ禍トナルヿアリ○官鬼発動シテ世爻ヲ刑克シ妻財ニ合スルハ其身捕ラレ妻妾ノ身ヲ汙サルルヿアリツノ上妻財化シテ兄弟トナルハユルサレテ皈ルヿナリ难シ○官鬼世ニツクハ隱ルヽ𪜈逃レ難シ賊ニ捕ヘラレタル寸ニ占フニハ逃レ皈ルヿ能ハストス○官鬼火ニ属シ発動シテ世爻ヲ克スルハ火ノ禍ニアフ水ニ属スルハ水ノ禍ニアフ○官鬼発動スルハ日辰又ハ動爻ニアラス𪜈其冲克ヲウクル者安穏ナラスモシ妻財ヲ冲スルハ婦女散失シ子孫ヲ冲スルハ小兒離レ迷フノ類○木爻ノ官鬼ハ藪叢ノ中火爻ノ官鬼ハ炭ヤキ竈瓦ヤキ場鍛冶鑄物師ノ處金爻ノ官鬼ハ寺院水爻ノ官鬼ハ舟ノ中ナトノ類皆ヨロシカラス○官鬼発動シテ子孫ニ化シ又ハ子孫妻財発動シテ世爻ヲ生合スルハ禍ニヨリテ福アルヿアリ○兄弟化シテ官鬼トナルハ騒動ニヨリテ近所ノ者ナト刼掠スルヿアリ真賊ニアラス兄弟内卦ニアルハ近鄰外卦ニアルハ遠方ノ人トス○妻財化シテ官鬼トナルハ騒動ニヨリテ奴僕ナト物ヲ盜ミ隱スヿアリモシ外卦ニアルハ近邊ノ婦女等トス○

官鬼衰弱トイヘ𪜈妻財発動シテ助クルハ財物ヲ貪ルニヨリテ禍ヲ生ス世爻ヲ克スルハ已トシ應爻ハ他人トス○卦中ニ官鬼両爻アリテ𪜈ニ発動シテ世ヲ克スルハ四面ヨリ賊來ル○官鬼真空真破ニアフハ禍ナシ○官鬼伏藏ストイヘ𪜈動爻日辰ヨリ飛神ヲ冲スルハ伏神提抜スル故ニ禍アリ○鬼墓ノ爻発動シテ世爻ヲ刑冲克害シ又ハ世爻ヲ持スルハ墓地ナトニ隠ルヘカラス○子孫発動シテ我ヲ生スルハ亂妨アリトイヘ𪜈恐ル丶ニタラス○子孫発動スルハ其アル方ヲ吉トスモシ子孫安静ニシテ官鬼発動シテ官鬼ヲ冲スル爻アルハ其冲スル爻ノ方ヲ吉トスモシ子孫安静ニシテ官鬼ヲ冲スル爻モナキ寸ハ世ヲ生シ世ヲ合スルノ方

ヲ吉トス○子孫旺相発動スルハ吉○子孫世ニツキ安静ナルハ吉発動スレハ大吉○子孫日辰又ハ月建ヲ持スレハ吉○子孫化シテ官鬼トナルハ救援ノ輩騒動ニノリテ害ヲナス○空亾ニアフノ爻ハ遺失脱落又ハ不意ノ禍ヲ戒ムヘシ妻財空亾ニアフハ財物ヲ脱落シ或ハ妻妾ニ禍アルノ類餘ノ四類モ推シテシルヘシ○世爻卦身空亾ニアフハ凶○三合會局ノ官鬼ヲナスハ四面ニ賊アリ避ヘキヤウナシ○三合會局ノ兄弟ヲナスハ身ハ恙ナクトモ財物散亾ス○三合會局ノ父母ヲナスハ小児ニ心ヲツケヘシ○三合會局ノ妻財ヲナシテ世爻ヲ生合スルハ却テ財物ヲ得ヘシ世爻ヲ刑克スルハ父母ノ屬散失スルヿアリ○三合會局ノ子孫ヲナス

ハ吉○用神冲克ニアフハ禍アリトイヘ𪜈旺相生扶スルハ命ヲ喪フニ至ラスモシ衰弱ニシテ絶ニアフハ一克即命ヲ喪フトス○スヘテ第五爻発動スルハ四方ニ逃レ避ケテ安心スルヿナシソノ上日辰動爻ヨリ世爻ヲ冲スルハヲチツクヘキ處ナシ○六爻亂動又ハ六冲卦ニアフハ眷屬面々ニ逃レ散リ一處ニヲルヿ能ハス

∧スヘテ課役ヲ免レ禍亂ヲ避ルノ類官鬼世爻ヲ傷ヒ又ハ世爻ヲ持スルハ逃ルヽヿ能ハス官鬼空亡安静絶ニアフ𪜈世下ニ伏スルハ後日ニ時ヲ得テ発スヘシ○公邊ノ沙汰ヲ占フニ官鬼発動ストイヘ𪜈日辰動爻ヨリ冲スルハ腹心ノ友ナトアリテ救ヒ助ケテ免ルヽ○官鬼化シテ父母トナリ

又ハ父母化シテ官鬼トナリテ世爻ヲ刑克スルハ公邊ノ沙汰等ノ占ニハ召捕ラルヽヿアリ○官鬼伏藏シテ兄弟一其飛爻ヲ冲セラルヽカ又ハ兄弟発動シテ冲スルハ親族ノ者ナト我ノアル處ヲ穿鑿スルヿアリテ逃レ难シ○官鬼安静ニシテ他ノ動爻世爻ヲ刑克スルハ下役ナトノ者ノ所為トスモシ兄弟ニ化スルハ財物ヲユスルトス○卦中ニ官鬼ナキカ又ハ空亡ニアフモ免ルヘシ○官鬼應爻ヲ傷フハ人ニ難義ヲカケルヿアリ月建日辰ヨリ應爻ヲ傷フモ亦同シ○子孫世爻卦身ニツキ又ハ月建日辰ヲ持シ又ハ発動スルハ官鬼ニアフ圧妨ナシ空亡墓絶等ニアフハ凶○兄弟発動スルハ費アリ○世爻卦身空亡ニアフハ官鬼発動ス圧妨ナシ

◯世爻又ハ用神旺相シテ刑冲克害ニアフハ死墓空絶ニ化セサルハ吉◯六爻安静ニシテ官鬼冲ナク併ナキハスヘテノ課役災難免ルヘシ

總類

前ニ述タル天象以下避害ニ至ルマテノ諸條ハ世人ノ卜筮ヲ問フモノコレヲ以テ多シトスル故ニ分チテ其法ヲ論ストイヘ𪜈天下ノ萬事無窮ニシテ前條ノ外世人ノ來リ問フ者幾百條アルヲ知ラス故ニ今又コヽニ前條ノ外數件ノ占法ヲ論シ其大略ヲ述ヘテ初學ノ式程トナス前ノ諸條ヲ熟考シテ又此數件ノ法ノ大意ヲ解セハ天下ノ萬事無

窮トイヘ𪜈推シテ盡スヘシ

△通断

スヘテ何事ノ占ニ拘ハラス卦ヲ得テ其兆ヲシルヘキ者アリ下ニ述フ△父母発動シテ子孫ヲ克スルハ子孫疾アリ○父母青龍ヲ帯ヒ旺相スルハ家宅新ナリ○父母白虎ヲ帯ヒ休囚スルハ家宅敗ル○卦中ニ父母両爻アルハ一家ニ両姓アリ△官鬼両爻アリテ𪜈ニ旺相スルハ他人ト同居ス○官鬼應爻ニツキテ世ヲ克スルハ災禍アリ○官鬼世ヲ持シ朱雀ヲ帯ルハ口舌アリ○官鬼騰蛇ヲ帯ヒテ世ヲ持スルハ夢多シ○官鬼木ニ属シ騰蛇ヲ帯ヒテ世爻ヲ持スルハ串頸アリ○官鬼戌ノ爻ニツキテ騰蛇ヲ帯ルハ犬亂吠ス○官鬼白

虎ヲ帯ヒテ発動スルハ病人アリ○官鬼白虎ヲ帯ヒテ臨ムノ爻其人損耗ス○官鬼玄武ヲ帯ヒ應爻ニツキテ発動スルハ失脱アリ○官鬼玄武ヲ帯ヒ発動シテ卦身ニツクハ小人生ル、○官鬼玄武ヲ帯ヒ水爻ニ属シ忌煞ヲ持スルハ水ニ身ヲ投ル人アリ○官鬼玄武ヲ帯ヒ水ニ属スルハ鍋破ル、ヿアリ○官鬼玄武ヲ帯ヒテ第二爻ニツクハ竈損スルヿアリ○官鬼休囚シテ空亾ニアフハ訟事ヤム○官鬼金爻ニ属シテ空亾ニアフハ佛ニ拱セス○官鬼五爻ニツキ丑ニ属シ空亾ニアフハ牛ヲ失フヿアリ○官鬼初爻ニツキ玄武ヲ帯ルハ雞ヲ失フヿアリ△子孫青龍ヲ帯ルハ子孫アルカ又ハ家内ニ喜アリ○子孫勾陳ヲ帯ヒ土ニ属スルハ田地ヲ増スヿアリ○子孫白虎ヲ帯ルハ子孫災アリ○子孫白虎ヲ帯ヒテ空亡ニアフハ小児死ス○子孫空亡ニアフハカトナルモノナシ△妻財発動スルハ父母災アリ○妻財旺相シテ墓ニ入ルハ大ニ富ム○妻財青龍ヲ帯ヒテ外卦ニアルハ外ヨリ財物ヲ得ル○妻財青龍ヲ帯ルハ家内ニ人ヲ増ス○妻財旺相シテ子孫青龍ヲ帯ルハ富貴トス○妻財休囚シテ耗財ヲ帯ルハ貧賤トス○妻財官鬼ヲ帯ヒテ（妻財ノ下ニ官鬼アルヲ云）空亡ニアフハ妻妾失フ○妻財勾陳又ハ玄武ヲ帯ルハ衣裳ヲ失フヿアリ○妻財玄武ヲ帯ヒ官鬼旺相スルハ盗賊アリ○妻財両爻アリテ旺スルハ妻妾アリ△兄弟朱雀ヲ帯ヒテ世又ハ應ニツクハ争多シ○兄弟白虎ヲ帯ヒテ發動スルハ妻妾災ア

リ△朱雀又ハ白虎世爻ニツキテ官鬼ヨリ生扶スルハ訟事多シ○朱雀水爻ニツクハ口舌來ル○騰蛇火爻ニツクハ疸疹ヲ病ムヿアリ○騰蛇酉爻ニツクハ雞亂啼ス○騰蛇白虎ニツクハ鬼怪アリ△五類何レニテモ氣アリテ吉神ヲ帶ル爻ニアタル人旺シテ盛トス△用神墓ニ入リテ救フ者ナキハ其人病死ス△世爻㐲ニ空亾ニアフハ人來ラス△六爻ミナ動クハ家安穩ナラス△卦中ニ大爻二ツアルハ両竃トス△丑ノ爻空亾ニアフハ牛ナシ○酉ノ爻空亾ニアフハ雞ナシ○戌ノ爻空亾ニアフハ犬ナシ

△國事

國家ノ事ヲ占フニハ大歳ヲ君トシ大歳ノ合ヲ后妃トシ日

辰ヲ太子トシ月建ヲ臣下トシ他宮ノ子孫亦臣下トシ將星ヲ臣下ノ大將トシ將星トハ卯午酉子ノ四支ヲ云本宮ノ卦ヲ國家トシ父母又國家トス又五爻ヲ君トシ四爻ヲ大臣トシ二爻ヲ臣下トシ初爻ヲ庶民トス詳ニ前ノ爻象ヲ論スル所ニ見ハル○モシ君タル人自ラ占フニハ世爻ヲ己トシ應爻ヲ后妃トス應爻亦他國ノ君𪜈ナスヘシ餘ハ前ニ同シ○妻財子孫青龍等ヲ持スルハ君ハ明トシ臣ハ忠トシスヘテ善良トス官鬼兄弟ヲ持スルハ君ハ暴トシ臣ハ諛トシスヘテ邪悪トス○本宮衰弱ニシテ大歳ノ克ニアフハ國家乱亡ノ兆トス○右ノ外身命養人等ノ條ヲ合セ考フヘシ

△戰爭

軍ヲ行リ兵ヲ用ルヲ占フニハ世ヲ我トシ應ヲ敵トシ子孫ヲ我ノ大將トシ又我ノ士卒トシ官鬼ヲ彼ノ大將トシ父母ヲ旌旗トシ金爻ヲ鐘太鼓トシ妻財ヲ兵粮トシ兄弟ヲ伏兵トス兄弟應ヲ克スルハ我ノ伏兵世ヲ克スルハ敵ノ伏兵陽爻ハ晝ノ伏兵陰爻ハ夜ノ伏兵トス○世爻子孫ヲ持スルハ大將智能アリテ敵ニ勝ツヘシ父母ヲ持スルハ士卒ヲ患ム心ナシ○世爻子孫ヲ持ストイヘ圧衰弱ナルハ勝利ヲ得スモシ月建日辰ノ生扶アレハ骨ヲリテ勝ヲ得ヘシ○官鬼暗動シテ世爻卦身ヲ克スルハ忍ヒノ者ニ殺サル、ヿナト用心スヘシ○水爻ノ官鬼世爻卦身ヲ傷フハ水軍ニ敗ヲトル火爻ハ圍マル、トスモシ子孫旺相發動スルハ圍マル、圧勝ヿアリ○子孫両爻アリテ世爻卦身ヲ生スルハ二将心ヲ合セテ勝利ヲ得ルヿアリ○應爻官鬼ヲ持シテ旺相スルハ敵ノ大将智能アリテ子孫発動ストイヘ𪜈大ニ勝利ヲ得難シ自ラ守リテ戦ハサルヲ吉トス○子孫應爻ニ合スルハ安静ハ内通トシ発動ハ降参トス○水爻ノ子孫発動スルハ舟軍ニ利アリ火爻ノ子孫発動スルハ柵ヲ結ヒテヨシ○子孫化シテ死墓絶空ニ入リ應爻官鬼父母ヲ持シテ世爻卦身ヲ傷フハ大敗トス○子孫両爻アリテ旺相発動ストイヘ𪜈化シテ死墓絶空ニアフハ敵ニ勝チタル後ニ權威ヲ爭ヒ功ヲ競フテ各自滅ヲ招クヿアリ○卦中ニ妻財ナキハ兵粮少シトスモシ子孫衰弱ニシテ應爻ニ合スルハ食盡キテ降参ス○

子孫旺相ストイヘ𪜈動爻日辰ノ刑冲克害アルハ敵ニ謀アリ急ニ攻ムヘカラス◯官鬼衰弱トイヘ𪜈動爻日辰ノ生扶拱合アルハ援兵アリ◯スヘテ兵具ハ官鬼ヲ用神トスレ𪜈別チテ占フ時ハ五行ハ水木ヲ舟トシ火ヲ鉄炮石火矢狼烟トシ金ヲ鎗長刀弓矢トス八卦ハ乾兌ヲ鎗長刀トシ震巽ヲ馬トシ艮ヲ楯幕トシ坎ヲ穽トシ離ヲ鉄炮トシ坤ヲ陣屋又ハ戦場トス此等ノ應爻ヲ克スルモノハ用ヒテ利アリ世爻ヲ克スルハ敵ヨリ此物ヲ用ユルナラン

△報讐

仇讎ヲ報ルノ占法ハ君ノ仇父ノ仇師ノ仇等ニ拘ハラス皆應爻ヲ以テ仇トシ世爻ヲ我トシ子孫ヲ助太刀ノ人トシ官

鬼ヲ彼ノ助太刀ノ者トス尋子テ見ユル見ヘサルトヲ占フハ大抵逃亡ノ占法ニ同シ勝負ヲ占フハ世應ノ強弱ヲ以テ考フヘシ○世爻子孫ヲ持シテ旺相発動シ又ハ日月ノ生扶アリ應爻衰弱ニシテ月日動爻ノ生扶ナキハ十分ニ勝ヲ得ヘシ○世爻官鬼ヲ持シテ應爻旺相発動シ又ハ月建日辰ヲ帯ヒテ世爻ヲ冲克スルハカヘリ討ニアフヿアリモシ世爻空亡ニアフハ難ヲ免ルヽトス○世爻発動シテ應爻ヲ冲克スルハ吉トイヘ𪜈化シテ絶ニアヒ刑ニアヒ日月ノ冲克ニアフハ本意ヲ達シテ後ニ上ヨリ咎メラルヽヿアリモシ應爻ヲ冲克セサルハ本意ヲ達セサル内ニ咎ニアフコトアリ○世爻空亡ニアヒ又ハ空亡ニ化スルハ志怠ルカ又力弱ク

シテ本意ヲ達セスモシ日辰動爻ヨリ冲起シ或ハ合起スル
ハ人ニハケマサレカヲフヘラレテ本意ヲ達スルヿアリ○
世爻衰弱トイヘ𪜈動爻旺相生扶シテ應爻ヲ冲克スルハ我
ノ助太刀強キ故ニ本意ヲ達スルヿアリ○應爻空亡ニアフ
ハ容易ニ尋子得難シモシ動爻日辰ノ冲アレハ人ニ其隠ル
ル處ヲ教ヘラルヽヿアリ應爻化シテ空亡トナルモ亦同シ
○間爻発動シテ世爻ヲ克スルハ本意ヲ達セサル内ニ旅中
ナトニテ不意ノ難ヲ防クヘシモシ其爻應爻ヲ生シ又ハ合
スル類ハ仇方ヨリセシムルトス○一味連判ナトシテ仇ヲ
報スルハ兄弟ヲ以テ同志ノ者トス空亡伏藏ニアヒ又ハ日
月ノ刑冲克害ニアフハ其人志堅カラサルカ力弱キカモシ

化シテ空亡ニアヒ絶ニアフハ後ニ違変スルカ或ハ果サズシテ死亡スルトス○兄弟発動シテ應爻ヲ生合スルハ一味連判ノ者心カハリテ仇ニ内通スルヿアリモシ世應両爻ヲ生スルハ中人トナリテ和ヲトリモツヿアリ○兄弟発動シテ世爻ヲ冲克スルハ應爻ヲ生合セサレハ一味ノ者ニ妨ラルヽヿアリ或ハ其謀ナト同意セサルノ類トス子孫発動シテ世爻ヲ冲克スルハ助太刀スル者ニ妨ケラルヽトス○妻財発動シテ應爻ヲ冲起スルハ妻妾奴僕ナトニ密計ナトヲモラサルヽヿヲ用心スヘシ父母子孫兄弟ニテモ同シトスモシ應爻空亡ニアフテ動爻コレヲ冲起スルハ却テ其人ノ力ニヨリテ本意ヲ達スルヿアリ

△靈崇

神靈ノ崇又ハ生靈死靈等ヲ占フハ皆官鬼ヲ以テ用神トス旺相スルハ神トシ生靈トシ休囚スルハ佛トシ死靈トス陽爻ハ神トシ男神トシ男人トシ陰爻ハ佛トシ女神トシ女人トス其アル所ノ方角ハ卦宮ノ方位ヲ以テ推スヘシ○何神何佛ナルヿヲシルニハ八卦五行六神ヲ以テ推スタトヘハ官鬼乾宮ニアリ火ニ屬シテ青龍ヲ帶ルハ天照太神又ハ大日如來ノ類トシ兌宮ニアリ水ニ屬シテ螣蛇ヲ帶ルハ辨才天ノ類トシ離宮ニアリ金ニ屬シテ白虎ヲ帶ルハ不動明王ノ屬トシ震宮ニアリ木ニ屬シテ勾陳又ハ白虎ヲ帶ルハ稲荷ノ類トシ巽宮ニアリテ青龍ヲ帶ルハ藥師ノ類トシ坎宮

ニアリテ玄武ヲ帯ルハ歡喜天ノ類トシ艮宮ニアリテ白虎ヲ帯ルハ愛宕ノ類トシ坤宮ニアリテ勾陳ヲ帯ルハ田ノ神又ハ土神トシ或ハ離ヲ釜ノ神トシ坎ヲ水神トシ艮ヲ山ノ神トシ兌ヲ愛染又ハ大極天トシ震巽ヲ雷神風ノ神等トス又子ノ爻ハ大極天丑ノ爻ハ牛頭天王巳ノ爻ハ辨才天午ノ爻ハ馬頭觀音ナトスルヿモアリ泥ク推シテ活斷スヘシ○何人ノ靈ナルヿヲ推スニハ官鬼卦身ヲ克スルハ官鬼ノ属ノ人トシ官鬼卦身ヲ生スルハ父母ノ属トシ官鬼卦身ニ克セラルヽハ妻財ノ属トシ官鬼卦身ニ生セラルヽハ子孫ノ属トシ官鬼卦身ト比和スルハ兄弟ノ属トス○官鬼発動スルハ其化出スル五類ヲ以テ何人ノ靈ナルヿヲシルヘシ○

官鬼伏藏スルハ其飛爻ノ五類ヲ以テ何人ノ靈ナルヿヲシルヘシ○官鬼発動シテ妻財ニ合シ或ハ妻財化シテ官鬼トナリ官鬼化シテ妻財トナリテ自ラ合ニ化スルハ密通シタル人ノ祟トス○官鬼刑ヲ帯ルハ横死ノ者ノ靈トス五行ヲ以テ其何ニテ死シタル人ト云ヲシルヘシ木爻ハ打傷毒害火爻ハ焼死土爻ハ断食金爻ハ剣戟水爻ハ溺死等トスルノ類ナリ○官鬼絶ニアフハ祀ヲ廢シ墓ヲ掃除セサル類ノ祟トス○官鬼世ニツクハ神佛等ニ報スヘキ恩アリテ謝セサルノ祟トス○官鬼第二爻ニアリテ発動スルハ住宅ノ障トスルヿアリ○官鬼第二爻ニアリテ木爻ニ属シテ安静ナルカ或ハ木爻ノ官鬼父母ノ下ニ伏藏スルハ棺ノアル所ヨロ

シカラサルニヨリテ祟ヲナスヿアリ○第三爻空亾ニアフ
ハ其家先祖ヲ祭ラストス○官鬼土ニ属シテ勾陳ヲ帯ルハ
造作ニ土ヲ動カスニヨリテ祟ヲナスヿアリ○官鬼螣蛇ヲ
帯ルハ妖怪ノ所為トスルヿアリ○官鬼螣蛇ヲ帯ヒテ陰宮
陰象ニアルハ夢アリトスモシ用神ヲ冲克スルハ夢中ニ見
タル物ノ祟トス○卦中ニ官鬼ノ墓爻アリテ發動スルハ屍
骸ノ祟トスルヿアリ○卦中ニ官鬼ノ墓爻アリテ発動スル
ハ神靈ヲ安置スル處ヨロシカラサルニヨリテ祟ヲナスヿ
アリ○卦中ニ官鬼ナクシテ日辰官鬼ニアフハ新死ノ者ノ
靈トスモシ日辰官鬼ニシテ卦中ニ又官鬼アルハ近キ頃ノ
願成就ノ報礼ヲ神佛ニイタサヽルノ祟トス

墳墓

墳墓ノ占法世爻ヲ穴トス又亾人生レ性ノ爻ヲ穴トスタトヘハ亾人甲午乙未ノ年ニ生ル丶人ナレハ金性トスル故ニ卦中ニアル申酉ノ爻ヲ穴爻トスルノ類◯世爻初二両爻ノ内ニアルハ後代ニ至リテ公侯将相ヲ出ス三四両爻ノ内ニアルハ子孫富貴繁榮ス五上両爻ノ内ニアルハ後ニ至リテ家系ツヽカス◯游魂ノ卦ハ動ク故ニ商旅ノ人ヲ出シ歸魂ノ卦ハ滞ル故ニ不吉◯六合ノ卦ハ吉◯世爻スヘテノ生合ニアフハ吉スヘテノ冲克ニアフハ凶◯世爻坎宮ニアリテ玄武ヲ帯ヒ歳破又ハ月破ニアフハ家ニ盗人ヲ生スルカ又ハ盗難ニテ死スルヿアリモシ咸池ニアヒ合ニアフハ女淫奔スルカ又ハ妓女トナルヿアリ或ハ世爻ニ胎爻ヲ

持シテスヘテノ克ヲウクルハ難産又ハ墮胎ノコアリ○兄爻世爻ニツキ又ハ世爻兄爻ト相生シ相合シ又ハ月日動爻ヨリ世爻又ハ兄爻ヲ生合スルハ吉○世爻丑辰未戌ノ爻ニシテ兄爻ヲ持シ勾陳ヲ帯ヒテスヘテ冲克ニアフハ田畠又ハ破レ窪ミナトノ地トス○兄爻空亡ニアフハ死人ノ占ニハ忌ム生人ノ占ニハ却テ吉トス○兄爻日辰ヨリ進神ニアタリテ子孫妻財ヲ持スルハ吉慶多シ（タトヘハ戊寅ノ日ノ占ニ己卯ノ兄爻ニシテ子孫妻財ヲ持スルノ類）○兄爻ヨリ生スル爻子孫ヲ持シテ貴人禄馬等ノ吉星ヲ帯ヒ歳月日ノ内何レニテモコレニ臨ムハ家ニ貴官ノ人ヲ出ス○世爻兄爻ト三合會局ヲナシ又ハ青龍白虎ノ二爻兄爻ト三合會局ヲナスハ吉○世應両爻共ニ兄爻

ヲ生合スルカ又ハ青龍白虎ノ二爻氏ニ宂爻ヲ生合シ或ハ又宂爻世應ノ間ニアルハ吉○世應青龍辰ノ爻白虎寅ノ爻ニアフハ吉タ、モシ宂爻ヲ克スルハ凶○應爻亥子ノ爻ニツキ玄武ヲ帯ヒテ水局ニアフハ溝堀池井ナトノ地トス○五類何レニテモ卦中ニアリテスヘテノ傷克ヲウクルカ又ハ卦中ニタヘテナキハソノ類ニヨリテ後ニ鰥寡孤獨ノ人アルヘキヿヲシル父母ナラハ孤子出ルトシ官鬼ナラハ寡婦出ルトスルノ類○官鬼休囚死絶ニアフハ其側ニ古家アリ或ハ長生ニアヒ又ハ長生ニ化スルハ其側壽宂アリ○官鬼朱雀ヲ帯ヒソノ上動爻日辰宂爻ニ入ルハ地ヲ爭フテ訟ニ及フヿアリ○父母爻発動シテ子孫コレニ絶スルハ家督ナシ○青龍爻子孫ヲ持シ氣アリテ穴爻ヲ生スルハ吉白虎ノ爻父母ヲ持シテ穴爻ヲ生スルモ亦吉○青龍穴爻ニツキ年月日ノ内ニ臨ミテ相生シ相合スルハ子孫多シ○青龍爻妻財ヲ持シ子孫生旺シテ穴爻ト生合スルハ墓ウルハシク長ク保ツ○白虎月破ニアヒ世ヲ持シ穴爻ヲ持シ卦身ヲ持スルハ古キ墓地トス○玄武ノ爻金ニ属シテ穴爻ニツキ又ハ穴爻ノ下ニ伏藏スルハ石アリテ又水涌クノ地トス○亥子ノ爻妻財又ハ子孫ヲ持シ内卦ニアリテ世爻又ハ穴爻ト生合スルハ吉○旺相ノ爻発動シテ亥子又ハ巳午ナルヿハ其穴民居ニ近キ處トス

△ヤムヿヲ得サルニ非レハ占ハサル數事

世ノト筮ヲ問フ者萬変ニシテ窮ナシ其間婦人孃孕シテ墮胎セントト欲シ其果〆墮ル不墮ルナト其身ヲ害スル不害セトヲ問フ者アリ此不仁不義ノ甚シキ既ニ天理ニ背キ又人情ニ逆フ決シテ占フヘキ所ニアラス昔人ト筮ヲ以テ業トナシテ人ノ子ニハ孝ヲス丶メ人ノ臣ニハ忠ヲハケマシ仁義ノ道ニ導キシコトアリ今世ノ人モトヨリ古人ニ及フコト能ハスト雖志アル者正シク此意ヲ用ユヘシ如此ノ事何ソ占フヘケンヤ又不貞ノ婦人衆男ニ交通シテ孃孕ニ及ヒ其誰人ノ子ナルコトヲ知ラスシテ問フ者アリ衰俗ノ甚シキ歎スルニ餘アリ又世ニ娼妓ヲ養ヒ色ヲ賣リテ生產トナス者アリ國家ノ風俗ヲ敗リ人ヲ不義ニ陥シイルタトヒ死ニ至ルトモ君子

ノナスヘキ所ニアラス然レ圧嶋原新吉原新町吉原九山室七尾等ノ地ノ如キハ其禁ナキ故ニ其非義ナルヲモシラスシテコレヲ以テ業トスル者幾千萬人ト云ヲシラス賣筮ヲ業トスル者コレカ為ニ吉凶ヲ断スルヿモトヨリヤムヿヲ得サルヿアリ其他博奕シテ勝ツ不勝ヲ問ヒ人ノ妻女ヲ挑ミテ應スル不應ヲ問ヒ人ヲ欺キ詐リテ信スル不信ヲ問フノ類易道ノ廣大モトヨリ包括セサルヿナシト雖決シテ占フヘキ所ニアラス但親戚密友ナトアリテ其人ヲ愛シ惜ムノ甚シキヨリ其吉凶成敗ヲ問フノ類ニ至リテハ或ハヤムヿヲ得サルヿアリ鬼神モ告ケサルヿナシシカレ圧モトヨリ筮法ノ本意ニアラサル故秘シテコヽニ著ハサスシカレ

𪜈善ク學フ者前ニ述ベタル數條ノ精微ニ通達セハ意會シ自ラ得ルヿモアランカ

五行易指南巻八 終

五行易指南巻九

占験釋義

虎門　鼓缶子　述

○月生日克日生月克ノ者動爻ノ生克ニヨリテ吉凶ヲナス

辰月丙申日　既濟之革

第ノ大病甚危キニヨリテ占フ

断日用神亥ノ兄弟月ヨリ克シ日ヨリ生シテ動爻ノ生アリ是危シトイヘ氏救フ者アリトス果シテ其日酉ノ時良醫ヲ得テ亥ノ日ニ全ク痊ユ

七月丁未日　困之恒

未
酉化申
亥
午化酉
辰
寅

家ノ人ニ訟ヘラレタル
吉凶ヲ占フ

斷曰用神酉ノ兄弟月ヨリ剋シ日ヨリ生シテ動爻ノ剋アリ凶トス彼問何レノ時ニ凶アル荅曰今歳辰ノ年大歳用神ニ合ス故ニ妨ナシ退神ニ化シ申トナル午ノ年申ノ月ニ禍アラン果シテ其時ニ至リテ重刑ヲ受ク

午月戊辰日　晉卦不變
妹ノ臨産ニ吉凶ヲ占フ

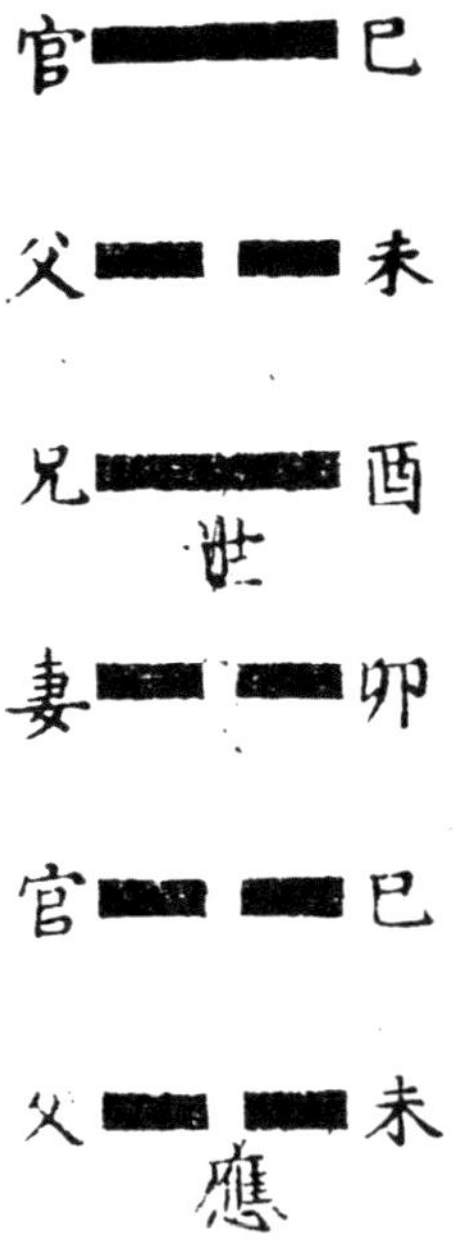

斷曰用神酉ノ兄弟月ヨリ剋シ日ヨリ生ス明日卯ノ時ニ生ルヘシ母子平安ナラン果メ然リ卯ノ時ニ應スル

八用神日辰ニ合住セラレ冲ニアフテ開クナリ

巳月乙未日　大過之鼎

自身ノ病ヲ占フ

妻　✕　未化巳
官　‐‐　酉化未
父　━　亥　世
官　━　酉
父　━　亥
妻　‐‐　丑　應

断曰用神亥ノ世爻貪生忌克ニアフ凶ヲ変シテ吉トナス但日ヨリ克シ月ヨリ冲ス原神酉爻発動スト云へ共生シテ生スルヿ能ハス果メ卯日死ス是原神ヲ冲スルノ日忌神ト共ニ用神ヲ克スルナリ　原神忌神共ニ発動スルハモト貪生忌克ナレ共原神ハ冲ニアフ故ニ忌神ヨリ克セルノ亥ニ汲シテ生スルカナキナリ

○回頭克ニアフテ凶トスル者

卯月癸亥日　需之乾

戌　子化戌
辰　申化午
寅
子

家宅ノ吉凶ヲ占フ

妻		
兄		
子	世	
兄		
官		
妻	應	

斷曰申ノ子孫世ニツキ囘頭克ニ化ス其身子孫ト𣅜ニ克ヲウクルトス子ノ妻財亦囘頭克ニ化ス是妻妾奴僕𣅜ニ克ヲウク一家皆克セラル後午ノ月火旺スルノ時世ヲ克シ土ヲ助ケテ財ヲ克シ財月破ニアフテ家內數人皆火災ニアフテ焼死ス

寅月辛酉日　艮之明夷

開店商賣ノ吉凶ヲ占フ

寅化酉	世	官
子		妻
戌		兄
申	應	子
午		父
辰化卯		兄

斷曰世爻月令ヲ得眼前吉昌トス但日辰世ヲ克シ又囘

頭克ニ化シ官鬼世爻ニツク世墓ニ入ルノ時病ヲ防クヘシ果メ未ノ月病ヲ得酉ノ月店ノ代呂物欺キ盗マレテ官ニ訟フ

申月戊午日　遁之姤

父	━━━	戌	
兄	━━━ 應	申	
官	━━━	午	
兄	━━━	申	
官	✕ 世	午	化亥
父	━ ━	辰	

自ラ久病ニヨリテ今年中ハ無事ニテ過スヘシヤト占フ

斷曰世爻日辰ヲ持ス旺相メ吉ト云ヘシ但月建亥水ヲ生シ囘頭メ世ヲ克ス凶トス果メ亥月戊日ニ死ス亥月ニ應スルハ午火ハ日辰ナル故ニ亥水令ヲ得サレハ克スルヿ能ハス戌ノ日ハ午火ノ墓ナリ

卯月乙未日　家人之小畜

卯　巳　未　亥　丑化寅　卯

代呂物ヲ買入ル吉凶
ヲ占フ
断曰丑ノ妻財世ニツキ月ヨリ克シ日ヨリ冲シ又回頭
克ニ化スタヽ代呂物ノミニアラス其身モ害セラル後
未ノ月世爻月破ニアフノ時火災ニテ燒死ス

酉月丙寅日　升之師
何レノ日ニ雨フルト占フ

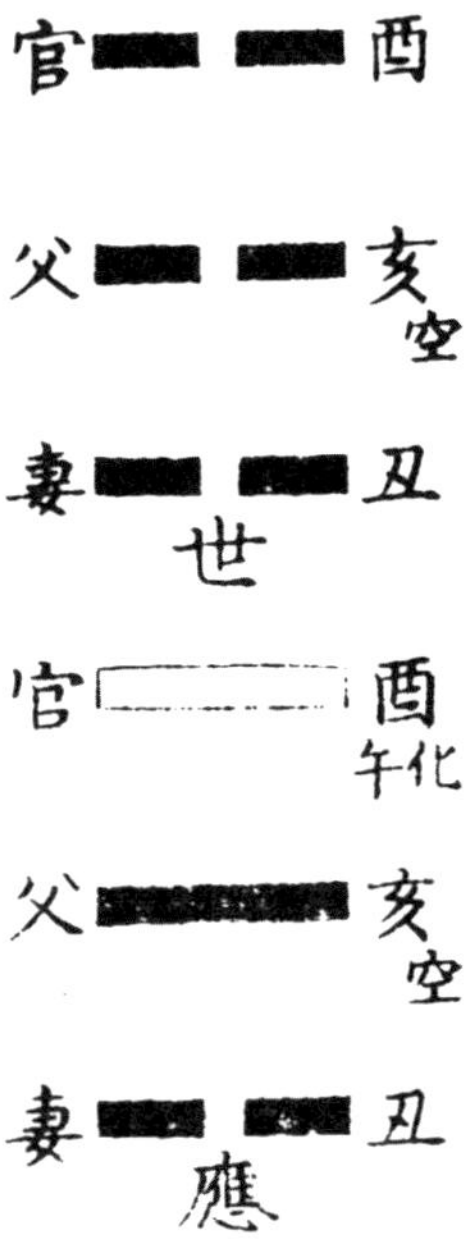

断曰用神亥ノ父母空亡ニアヒ原神酉ノ官鬼回頭克ニ
化ス旬ノ内雨ナシ果〆子ノ日ニ至リテ少シ雨アリ子
ノ日ニ應スルハ仇神午ヲ冲スル故ナリ少シ雨アルハ

モト空亡ニシテ根ナキ故ナリ

巳月丁亥日　夬之履

僕何レノ日ニ皈ルヲ占フ

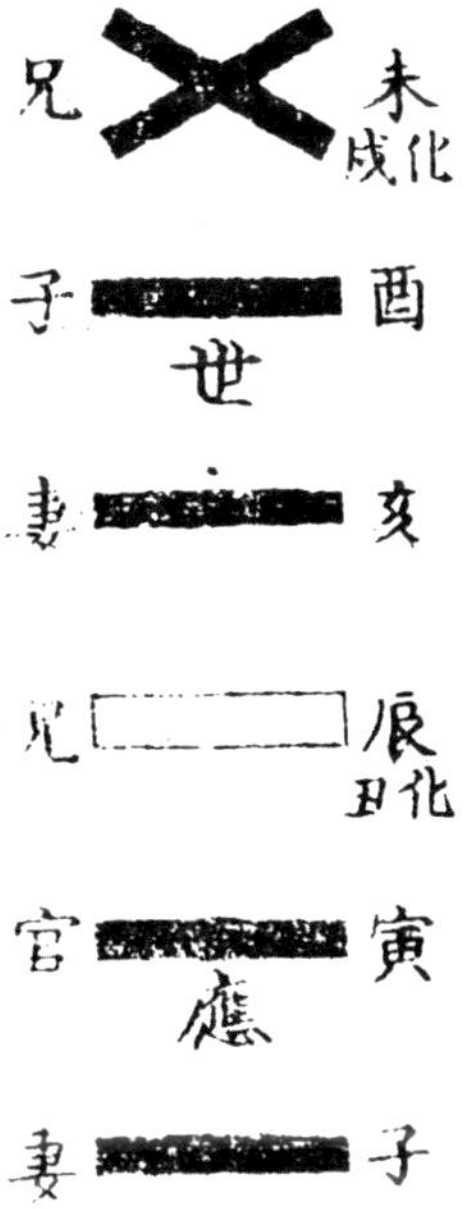

断曰用神亥ノ妻財日辰ヲ持スル故ニ月破トセスト雖土爻重々発動シテコレヲ克ス皈ルヿカナハス必難アルヘシ果ノ午ノ月未爻ニ合シテ土ヲ助ルノ時ニ途中ニテ害ニアフ

午月丙寅日　離之坎

自身ノ病ヲ占フ

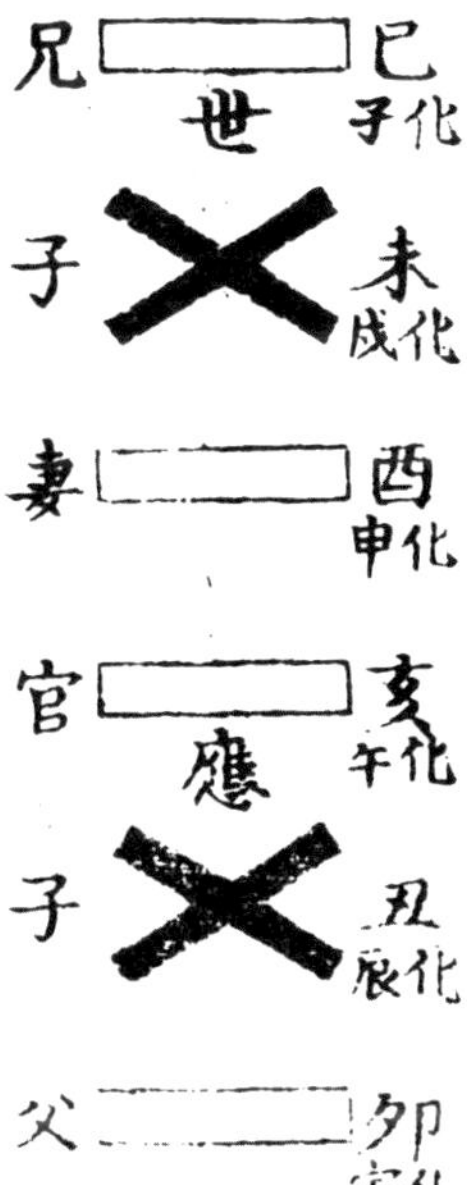

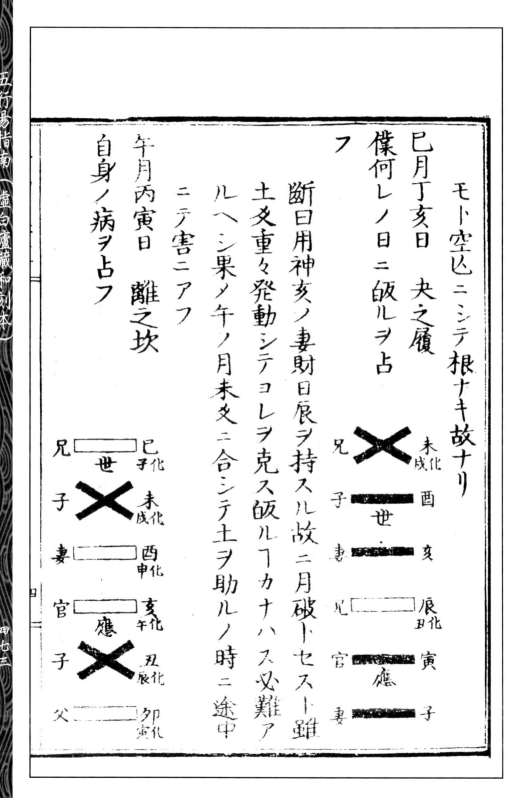

断曰離火化ノ坎水トナル卦ノ回頭克トス用神巳ノ世爻回頭克ニ化ス又反吟ノ卦トス目今月ヨリ比シ日ヨリ生スル故障ナシト雖冬ニ至テ凶トス果メ戌ノ月丁亥ノ日死ス戌ノ月ハ世爻墓ニ入ルノ月亥ノ日ハ世ヲ冲克スルノ日ナリ

卯月乙酉日　坎之坤

船ニ乗リ運賃ヲ得ルノ吉凶ヲ占フ

子	▅▅　▅▅	世	兄
戌化寅	▅▅▅▅▅		官
申	▅▅　▅▅		父
午	▅▅　▅▅	應	妻
辰化巳	▅▅▅▅▅		官
寅	▅▅　▅▅		子

断曰坎水化シテ坤土トナル卦亦卦ノ回頭克トス世爻日ヨリ生スト雖動爻重々來リ克ス不意ノ禍アルヘシ後午ノ月舟ヲ覆シテ死ス午ノ月ニ應スルハ辰戌ノ両動

爻春ヲ過キ夏火ノ時ニ威ヲ増シ世爻月建ノ沖ニアフ故ナリ此船賃ヲ占フテ死生ノ告ケアリ是ヲ軽キヲ占フテ重キニ應スト云ナリ

○原神ノ强弱ニヨリテ吉凶ヲナス者

申月戊辰日　同人之離

夫ノ近病ヲ占フ

戌 沖空	▅▅▅▅	應	子
申 化未	□		妻
午	▅▅▅▅		兄
亥 空	▅▅▅▅	世	官
丑	▅▅ ▅▅		子
卯	▅▅▅▅		父

断曰用神亥ノ爻世ニツキ墓ニ入ル隨官入墓トス大凶ト云ヘトモ然レ氏原神申ノ爻発動シテ用神ヲ生シ戌ノ爻暗動シ未ノ爻回頭シテコレヲ助ク是其根甚固シ但亥ノ爻空亡ニアフテ原神ノ生ヲウケス巳ノ日コレヲ

冲スルノ時愈ユヘシ果ノ巳巳日全ク痊ユ

丑月戊子日　同人之旅

自身ノ近病ヲ占フ

子	━━━	戌	應
妻	□	申化未	
兄	━━━	午	
官	━━━	亥	世
子	━ ━	丑	
父	□	卯化辰	

断曰用神亥ノ世爻日ヨリ拱シ又原神ヨリ生ス不死トスタ、原神化シテ空亡トナリ月破ニアフ是根ナキナリ眼前障ナシト雖春月ニ危シ果ノ立春ノ日死ス是原神月ノ冲ニアヒ未ノ爻又春木ノ克ニアフ故ナリ

寅月乙丑日　升之師

父ノ病ヲ占フ

官	━ ━	酉	
父	━ ━	亥空	
妻	━ ━	丑	世
官	□	酉化午	
父	━━━	亥空	
妻	━ ━	丑	應

断曰用神亥ノ父母空亡ニアフト雖原神ヨリ生ス但原神回頭克ニアフ是根ナシトス果メ卯ノ日卯ノ時ニ死ス即仇神午ノ爻ヲ生シ原神ヲ冲スルノ時ナリ

○三合會局シテ吉凶ヲナス者

卯月丁巳日　離之坤

両村水カヽリヲ争ヒ互ニ打擲ニ及フ沙汰ヲ占フ

兄	▅▅▅ 世	巳	化酉
子	▅ ▅	未	
妻	▅▅▅	酉	化丑
官	▅▅▅ 應	亥	化卯
子	▅ ▅	丑	
父	▅▅▅	卯	化未

断曰内卦ヲ我村トシ外卦ヲ彼村トス内卦亥卯未木局ヲ成ス外卦巳酉丑金局ヲ成シテコレヲ剋ス然レ𪜈木旺シテ又日辰ヨリ金ヲ克ス殊ニ六冲化シテ六冲トナル其事散スヘシ果メ然リ此占内外両卦𪜈ニ局ヲ成ス

神ノ妙用ナリ

寅月丙辰日　乾之小畜

選擧ニアフノ時ヲ占フ

戌	世	父
申		兄
午化未		官
辰	應	父
寅		妻
子		子

斷曰用神午ノ官鬼発動シ戌ノ爻暗動ス月建ヲ合セテ用神局ヲナス當月選擧セラルヘシ此虚一ヲ補用ヲト云卦中ニ寅ナキ故虚一ト云ナリ此占モシ寅ノ爻ノ発動アレハ午ノ官鬼未ニ合セラル、故冲ノ月ヲ待テ應スヘシ今然ラサル故ニ如此ニ斷スルナリ

丑月己卯日　乾之賁

父ノ急病ヲ占フ

戌	世
申化子	
午化戌	
辰	應
寅化丑	
子	

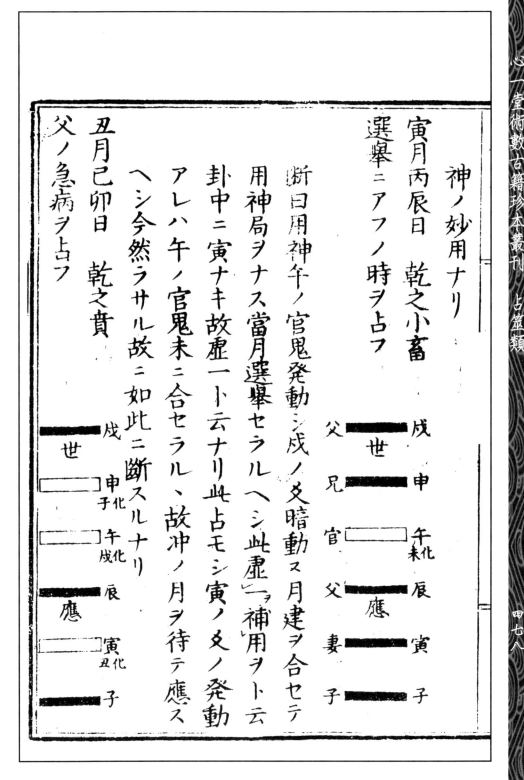

父　兄　官　父　妻　子

断曰用神戌ノ父母日辰ノ合ニアフ近病ハ合ニ利シカラス幸ニ三合會局〆原神トナリ發動〆用神ヲ生ス明日辰ノ日愈ヘシ果〆然リ辰ニ應スルハ合ニアフモノ冲ヲ待ツナリ

丑月戊午日　離之明夷

姑ノ病ヲ占フ

兄	▭ 世	巳	化酉
子	▬ ▬	未	
妻	▭	酉	化丑
官	▬▬ 應	亥	
子	▬ ▬	丑	
父	▬▬	卯	

断曰用神卯ノ父母三合會局〆是ヲ克スタヽ丑爻空亾ニアフ旬内障ナシ乙丑ノ日危シ果〆丑ノ日酉ノ時死スコレ出旬ノ日ニ應スルナリ

巳月丙申日　大畜之乾

父何レノ日ニ皈ルヲ占

フ

斷曰用神午ノ父母三合會局ノ内寅ノ爻日辰ノ冲ニア

ヒ又絶ニアフ巳亥ノ日皈ラン果メ然リ此冲中逢合ノ

時絶處逢生ノ時ナリ

酉月辛卯日　恒之蠱

妻ノ賴母子取ニユキ得

ル得サルヲ占フ

斷曰子孫妻財圧ニ発動ス得ヘキニ似タリ然レ圧應爻

ニツキタル妻財ハ他人ノ妻ナリ三合會局シテ應ヲ生

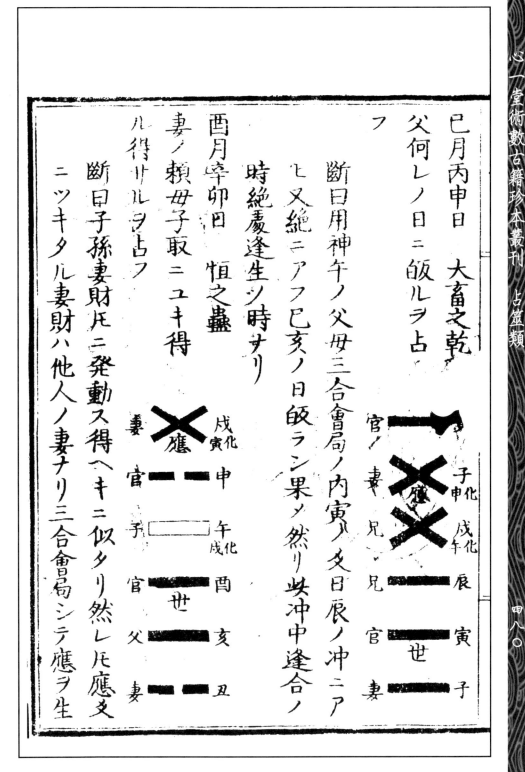

シ世ヲ克シ日辰モ應ニ合シ世ヲ冲ス是妻財子孫出現
ストイヘ𪜈我ニ情ナク彼ニ情アリ我妻得ルヿ能ハス
果〆鄰人ノ妻コレヲ得タリ
○反吟ノ卦ヲ得テ吉凶ニ輕重アル者
未月丁巳日　剥之坤

寅化酉	▭		妻
子	▅▅ ▅▅	世	子
戌	▅▅ ▅▅		父
卯	▅▅ ▅▅		妻
巳	▅▅ ▅▅	應	官
未	▅▅ ▅▅		父

嫂ノ病再發シタル吉凶
ヲ占フ
断曰艮變〆坤トナル卦反吟トス即其再発ノ象用神寅
ノ妻財回頭克ニ化シ又日辰ノ刑ニアフ申ノ日危シ果
〆然リ
巳月戊申日　小畜之乾

卯
巳
未化午
辰
寅
子

サキノ處ヘ復往テ商賣
シテ利アリヤト占フ

兄 ━━━
子 ━━━
妻 ━✕━ 應
妻 ━━━
兄 ━━━
父 ━━━ 世

斷曰巽变メ乾トナル卦反吟トス幸ニ世爻妻財旺ニ長生ニアフ又應爻ヲサキノ處トナシ回頭ノ生合ニアフ前度ヨリモ利アリトス後其人三度往來シ倍々ノ利ヲ得タリ

卯月戊子日　巽之外
墓地ノ吉凶ヲ占フ

兄 ━━━ 卯化酉 世
子 ━━━ 巳化亥
妻 ━ ━ 未
官 ━━━ 酉 應
父 ━━━ 亥
妻 ━ ━ 丑

斷曰世ヲ穴トス月建ヲ持シ日ヨリ生ス吉トイヘ旺爻反吟ニアフテ子孫世爻旺ニ冲克ニ化ス葬ムヘカラス

其人信セスシテ甦ム後四年ノ内自身并ニ二子一女皆段々ニ死タリ

○伏吟ノ卦ヲ得テ凶トスル者

申月乙卯日　无妄之大壯

亂兵來リ入ルニヨリテ家内何レノ處ニ逃ルヘキヲ占フ

妻	▭	戌化戌
官	▭	申化申
子	━	午　世
妻	✕	辰化辰
兄	✕	寅化寅
父	━	子　應

斷曰内卦伏吟憂鬱ノ象幸ニ日辰世ヲ生シ月建父母ヲ生シ皆安靜自身父母トモニ障ナシトスタヽ兄弟伏吟又月破ニアフ兄弟ニ難アルヘシ其人曰我父母西方ニアリ恙ナキヤ否ヤ答曰西方金ニ屬シ父母ヲ生ス決シテ恙ナシ汝ハ東方ニ逃ルヘシ東方木ニ屬シ午火ヲ生ス妻

僕兄弟トモヨ汝ニ從フテ逃レハ子孫世ニツク故ニ必障ナシトス其人コレニ從フテ免ル、ヿヲ得タリシ、其弟其父母ヲ掛念シ往キテ尋ヌ途中ニテ害ニアフ

申月甲午日　姤之恒

父ノ役所ニアリテ恙ナキヤヲ占フ

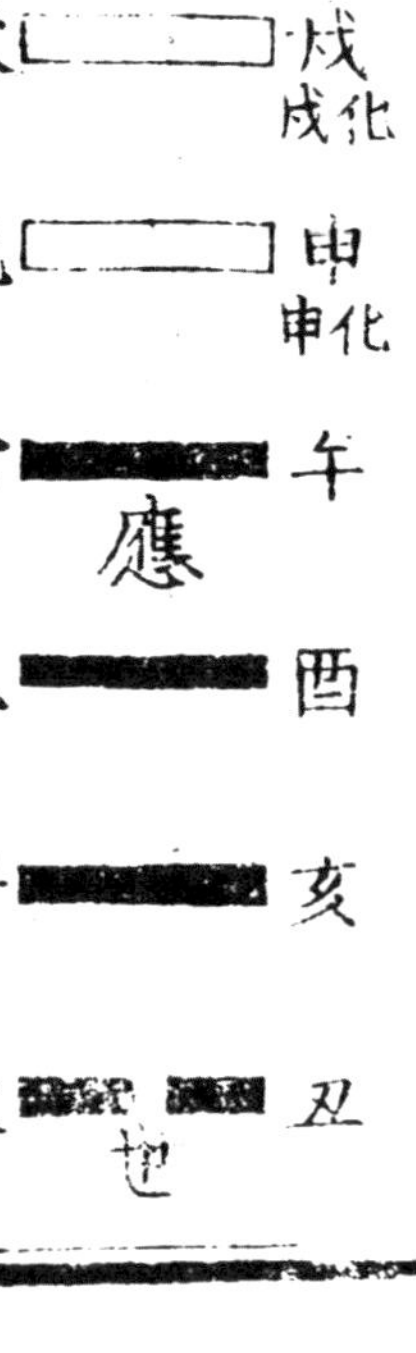

斷曰外卦伏吟役所ニアリテ事故アリテ呻吟スルトス其人曰彼地騷亂アリト聞ク障アルヤ荅曰日辰父母ヲ生ス決シテ別事ナシ又問今年中ニ皈ルヤ否荅曰伏吟ノ卦ヲ得皈ラント欲シテ不能トス來年辰ノ月ニ至リテ役所ヲユルサレ午ノ月復赴クヘシ辰ノ月ニ應スル

ハ戌ノ父母伏吟ニシテ又月破ニアフ時ナリ午ノ月復任スルハ日辰官鬼ニ臨ミ用神ヲ生シタルモノ時ヲ得テ旺スルナリ

寅月乙卯日　无妄之乾

旅中ニアリテ家内ノ安否ヲ占フ

断曰内卦ヲ我家トシ伏吟ニアフ変異アルヘシ其人曰何事ナルヘキ答曰月建日辰厇ニ妻財ヲ克ス妻妾奴僕ノ身上ナルヘシ其人コレニヨリ其妻ノ安否ヲ占フ

同月同日　豫之否

妻　官　子　兄　子　妻

断曰妻財又伏吟ニアヒ月日𪜈ニ克ス今室必大厄アリ其人曰何レノ月日ゾ答曰月日𪜈ニ克スト雖日辰ノ合アリ今ハ妨ナシ辰ノ月ニ入リ月破ニアフ時逃レ难シ果〆三月ニ其妻死ス

○空亡ヲ用ル者

巳月戊戌日　益不變

財ヲ得ルノ月日ヲ占フ

卯	▅▅▅		兄
巳	▅▅▅	應	子
未	▅ ▅		妻
辰 冲 空	▅ ▅	世	妻
寅	▅ ▅		兄
子	▅▅▅		父

断曰用神辰ノ妻財世ニツキ空亡ニアヒ日ノ冲ニアフ今日得ヘシ果〆然リ是日辰亦妻財ニシテ我ヲ冲シテ

起ス故ナリ（モシ日辰用神ニ非ルトキハ冲ストイヘ𪜈得准シトスヘシ）

亥月甲子日　革不變

僕何レノ日ニ皈ルヲ占フ

未	▅▅ ▅▅	官	
酉	▅▅▅▅▅	父	
亥空	▅▅▅▅▅	兄	世
亥 午伏	▅▅▅▅▅	兄 財伏	
丑	▅▅ ▅▅	官	
卯	▅▅▅▅▅	子	應

斷曰用神午ノ妻財空亡兄弟ノ下ニ伏藏ス日月ノ克ニアフ吉凶ヲ問ニハ凶トス何レノ日ニ皈ルヲ問ニハ世爻空亡速ニ至ル旬内巳ノ日必來ラン果メ然リ巳ノ日亦是用神ニシテ飛爻ヲ冲去シテ其伏ヲアラハスナリ空下ノ伏神提抜シ易シト云是ナリ

午月癸丑日　萃之比

妻ノ病何レノ日ニ愈ル

未	▅▅ ▅▅	
酉	▅▅▅▅▅	應
亥 化申	□	
卯	▅▅ ▅▅	
巳	▅▅ ▅▅	世
未冲	▅▅ ▅▅	

ヲ占フ

斷曰用神卯ノ妻財空亡ニアフ原神亥ノ爻発動シテ生ス次日愈ユヘシ旁人曰卯爻空亡卯ノ日ト斷スヘシ何ソ寅ノ日ト云ヤ荅曰甲寅ノ日卯爻空亡ヲ出ツ寅モモトヨリ用神ナリ果〆甲寅ノ日愈ユ

父　兄　官　兄　子　父

寅月庚戌日　妬之死妾

子ノ病何レノ日愈ルヲ

占フ

父	▅▅▅	戌	
兄	▅▅▅	申	
官	▅▅▅ 應	午	
兄	▭	酉	化辰
子	▭	亥	化寅
父	✕ 世	丑	化子

斷曰用神亥ノ子孫化〆寅トナリ空亡ニアフ近病ハ空亡ニアフハ愈ルトス但亥ノ爻變スル故ニ酉ノ動爻ノ生ヲ受ルヿ能ハス寅ノ日ヲ待テ愈ヘシ果〆然リ此化

メ空亡トナルハ空亡ヲ出ルヲ待ツナリ

酉月庚辰日　師之升

岳母ノ近病ヲ占フ

酉（合 空）	⚋	父	應
亥	⚋	兄	
丑	⚋	官	
午（化 凶）	×	妻	世
辰	⚊	官	
寅	⚋	子	

断曰用神酉ノ父母空亡ニアフ近病空亡ニアフハ即愈ユ又日辰ノ合ニアフ近病合ニアフハ即死ス是吉凶相半ス但世爻忌神ヲ持シテ是ヲ克ス必危シ問曰何レノ日危キ答曰午ノ爻化メ旬空トナル旬内ハ克スルヿ能ハス又近病空亡ニアフハ不死故ニ旬内恙ナシ乙酉ノ日用心アルヘシ果メ乙酉ノ日卯ノ時死ス

子月乙巳日　復不変

酉　亥冲　丑　辰　寅空　子

弟ノ湖中ニ溺死シタル
死骸見得ヘシヤト占フ

子 ▅▅ ▅▅
妻 ▅▅ ▅▅
兄 ▅▅ ▅▅ 應
兄 ▅▅ ▅▅
官 ▅▅ ▅▅
妻 ▅▅ ▅▅ 世

断曰用神寅ノ官鬼（死骸ハ官鬼ヲ用神トス）空亾ニアヒ亥ノ爻時令ヲ得テ暗動シテコレニ合ス明ニ死骸水中ニアルノ象但寅ノ用神空亾ニアヒ合ニアフ出旬逢冲ノ時庚申ノ日見得ヘシ後庚申ノ日見得ズ丑ノ月壬申ノ日見得タリ是寅ノ用神空亾ヲ出ルハ同ジトイヘ圧亥ノ爻丑ノ月ニ入リテ克セラレ又空亾ニアフノ時水退キテ死骸アラハルヽナリ壬申日ハ甲子旬ニメ戌亥空亾ノ時ナリ又水亥中ニアルノ木寅冲ニアハサレハ起ラサルナリ

丑月甲午日　復之噬嗑

父ノ近病ヲ占フ

断曰用神巳ノ父母空亡ニアヒ日辰ヨリ拱ス近病空亡ニアフハ不死六合卦ニアフ近病ハ凶トス是空亡六合吉凶相半ス但忌神世爻ニツキ暗動シ又外卦三合會局シテ忌神ヲ助ク必危シ其人曰何ノ日凶トス答曰巳亥ノ日巳ノ父母ヲ冲克スト雖𪜈空亡ノ内ナル故妨ナシ辛亥ノ日危シ果シテ然リ是出旬逢冲逢克ノ時ナリ

未月甲辰日　小過之革

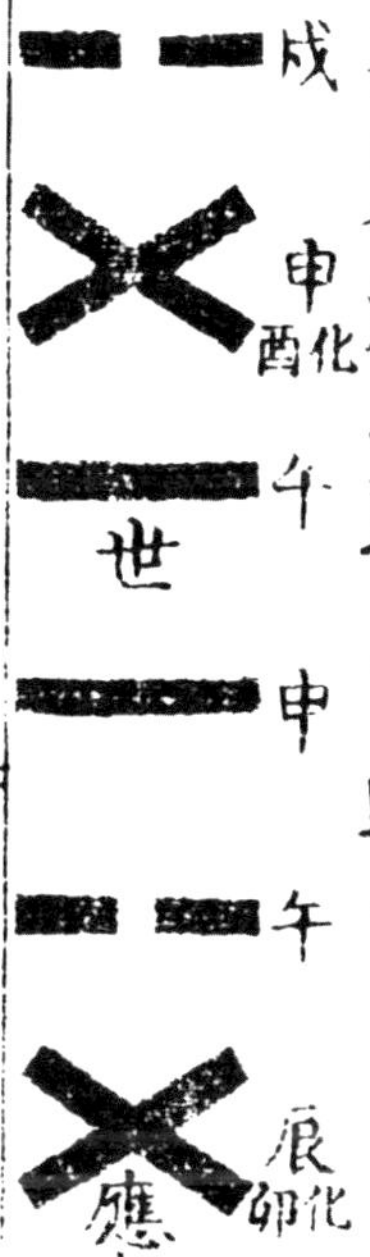

何レノ日ニ大雨アルヘキ

ヲ占フ

父　兄　官　兄　官　父

断曰用神辰ノ父母日辰ヲ持シ月建ヨリ比ス又土用事ノ節ニアヒ甚強盛トス但回頭克ニ化シ空亡ニ化ス動爻申ノ爻進神ニ化シ卯ヲ克スト雖空亡ナル故ニ克ヲウケス乙卯ノ日出空ノ時ニ至リテ其克ヲウケツノ上暗動スル戌ノ爻酉金ヲ助ケテコレヲ制ス此日必雨アラン後其日ニ至リテ雨ナシ立秋ニ入リ辛酉ノ日申ノ時雨アリ是卦中ノ申化シテ酉トナルハ即申月酉日ニノ乙卯ノ日ハ卯爻出旬テ日ニ値フトイヘ氐動爻ヨリ克シ盡サス申月ニ入リ酉ノ日冲シテ後ニ克ヲウケテ大雨アルナリ

○月破ヲ用ル者

亥月己丑日　兌之訟

ユクスヘノ年役目ニアリツクヤヲ占フ

未（化戌）	✕	世	父	
酉	━━━		兄	
亥	━━━		子	
丑	━ ━	應	父	
卯	━━━		妻	
巳（化寅）	□		官	

断曰世爻進神ニ化ス未ノ爻空亾ト雖日辰ノ冲ニアフ故ニ空トセス用神巳ノ官鬼発動シテ世ヲ生シ長生ニ化ス巳ノ年必役ニアリツカン果〆然リ巳ノ年ニ應スルハ實破ノ年ナリ

辰月戊子日　乾之夬

父ノ近處ニユキタルカ何レノ日ニ皈ルヲ占フ

戌（化未）	□	世	父	
申	━━━		兄	
午	━━━		官	
辰	━━━	應	父	
寅	━━━		妻	
子	━━━		子	

断曰用神戌ノ父母世ニツキ月破ニアフテ空亾ニ化スモシ死法ヲ守ラハ敀ル丆能ハサルカ轉メ他ニユクカ來リテ復モドルカ然レ𪜈朱雀ヲ帯ヒ世ニツキテ発動ス卯ノ日音信アリ未ノ日敀ルヘシ果メ然リ卯ノ日音信アルハ破シテ合ニアフノ時ナリ未ノ日敀ルハ化出ノ爻出空ノ時ナリ

午月癸卯日　艮之觀

ユクスヱノ官途ヲ占フ

寅	━━━ 世	官
子化巳	✕	妻
戌	━ ━	兄
申化卯	□ 應	子
午	━ ━	父
辰	━ ━	兄

断曰用神寅ノ官鬼世ニツキ申ノ𡕒発動シテコレヲ克ス今年七月凶兆アリ其人曰何事ニヨル荅曰應爻発動

シテ世ヲ克ス必怨アル人ヨリ起ルモシ子ノ爻發動シテ救フヿナクハ役目ヲハナサルヘシ幸ニ子ノ爻発動スト雖月破ニアフテ空亡ニ化ス格式ヲ貶サル、ホトノヿ免レス果メ七月ニ人ノ訴訟ニアヒ子ノ月落許シ格式ヲ貶サル後子ノ年四月ニ至リ舊ノ如クニ命セラル此原神子ノ爻空亡月破ニシテ世ヲ生スル力弱キ故ニ此禍アリ實破填空ノ時ニ至リテ用ヲナスナリ

寅月甲午日　艮之蒙

子ノ病ノ吉凶ヲ占フ

官	━━━ 世	寅	
妻	━ ━	子	
兄	━ ━	戌	
子	▭ 應	申	化午
父	✕	午	化辰
兄	━ ━	辰	

斷曰用神申ノ子孫月破ニアヒ日辰動爻共ニコレヲ克

シ又囬頭克ニ化ス克アリテ生ナシ速ニ家ニ皈ルヘシ
必死セン其人未タ去ラサル間人來リテ曰令息申ノ時
落命スト卦填實ノ時ニ克ヲウケテ應スルナリ

申月辛卯日　革之夬

家宅ヲ買フテ住居スル
吉凶ヲ占フ

未	官	▅ ▅	
酉	父	▅▅▅	
亥	兄	▅▅▅	世
亥	兄	▅▅▅	
丑 化寅	官	✕	
卯	子	▅▅▅	應

断曰月建ヨリ世ヲ生シ酉ノ爻暗動シテ世ヲ生ス但變
出スル寅ノ子孫月破ニアヒ又月建并ニ暗動爻ノ克ニ
アフ子ニ禍アリ其人ツイニ卦變ニ移ル半月ナラサル
ニ其子痘瘡ニテ死ス

○伏神提抜スル者アリ提抜セサル者アルノ占

辰月丁巳日　蹇不変
僕ノ出奔スルヲ占フ

子	▅▅ ▅▅	子	
戌	▅▅▅▅▅	父	
申	▅▅ ▅▅	兄	世
申	▅▅▅▅▅	兄	
午 卯伏	▅▅ ▅▅	官	
辰	▅▅ ▅▅	父	應

断曰用神卯ノ妻財午ノ爻ノ下ニ伏藏シ伏ヨリ飛ヲ生スルヲ泄氣トス而シテ世爻申金ノ克ニアフ逃ル、ヿ能ハス盗ミタル物皆火ニ燒クナラン甲子ノ日捕フヘシ果シテ甲子ノ日鍛冶ノ所ニアリト聞ク申ノ時ニ捕得タリ子ノ日ニ應スルハ飛神午ヲ冲克シ伏神卯ヲ生スルナリ此伏神提抜スル者ナキ故ニ志ヲ遂ケスシテ捕淂ラル、ナリ

酉月丙辰日　升不変

酉
亥
丑 午伏
酉
亥
丑

子ノ病ヲ占フ

断曰用神午ノ子孫世爻丑ノ爻ノ下ニ伏藏シ飛神旬空ニアフ出テ易シ午ノ日愈ユヘシ果メ然リ

⚋	官	
⚋	父	
⚋	妻	世
⚊	官	
⚋	父	
⚋	妻	應

卯月丙申日　復不變

父ノ病ヲ占フ

断曰用神巳ノ父母寅ノ爻ノ下ニ伏藏シ飛神ヨリ長生ス次ノ日愈ユヘシ果メ然リ

酉	⚋	子	
亥	⚋	妻	
丑	⚋	兄	應
辰	⚋	兄	
寅 巳伏	⚋	官	
子	⚊	妻	世

辰月庚申日　既濟不変

桑ノ葉ノ直段ノ高下ヲ占

子	⚋	應
戌	⚊	
申	⚋	
亥 午伏	⚊	世
丑	⚋	
卯	⚊	

フ　兄　官　父　兄　官　子

断曰用神午ノ妻財世爻亥ノ爻ノ下ニ伏藏シテ飛神長生ニアヒ用神又飛神ニ絶ス下直トス問テ曰何ノ日高ク何ノ日賤キ荅曰甲子ノ旬中ニ入リ亥水空亾ニアフ巳午ノ日高シ甲戌ノ旬中ニ入リ亥水旬ニアフ此後漸漸ニ下落スヘシ果ノ然リ

寅月戊辰日　小畜不変

病アリテ何ノ鬼神ノ崇ナルヿヲ占フ

卯	━━━		兄
巳	━━━		子
未	━ ━	應	妻
辰 伏酉	━━━		妻
寅	━━━		兄
子	━━━	世	父

断曰用神酉ノ官鬼辰爻ノ下ニ伏藏シ飛神ト合シ又日辰ニ合セラル伏合ハ藏匿ノ象酉ハ正氣ノ神第三爻ハ

房室トス是房中ノ神像祟ヲナスナリ其人曰觀音像ノ
軸アリ勝手ニ藏メヲク必是ナリト是ヲ寺ニ納メテ後
ニ病愈ユ○甲建庚辰ノ日病アルニヨリテ祟ヲ占フテ
又此卦ヲ得タリ断スルヿ前ノ如シ其人曰達磨ノ銅像
アリ匣中ニ藏ムト因テ又寺ニ納メシム其病果メ愈ユ
○進神退神ニ吉凶アリ又遲速アル者
酉月庚戌日　屯之節
何レノ年ニ子ヲ生ムヲ
占フ

子	⚋		兄
戌	⚊	應	官
申	⚋		父
辰	⚋		官
寅(化卯)	⚋×	世	子
子	⚊		兄

断曰用神寅ノ子孫世爻ニツキ進神ニ化ス寅ノ爻空亾
卯ノ爻亦空亾ニシテ且月破ニアフ後寅ノ年卯ノ月ニ

妻妾𪜈ニ産シテ二子ヲ得タリ此卯木月破トイヘ𪜈日
辰ノ合ニアフ故ニ時ヲ待テ用ニ應スルナリ

卯月乙丑日　噬嗑之比

婚ヲ求メテ成ル不成ヲ自ラ占フ

子	━━━	巳	化子
妻	✕ 世	未	化戌
官	━━━	酉	化申
妻	━ ━	辰	
兄	━ ━ 應	寅	
父	━━━	子	化未

断曰用神未ノ妻財世ニツキ進神ニ化シ巳ノ子孫発動シテコレヲ生ス但子水ニ化シ回頭克ニアフ故ニ午ノ日子水ヲ冲シ去ルノ日ニ成ルヘシ午ノ日ハ又世爻ヲ生合スルノ時ナリ後果メ然リ或問テ曰間爻官鬼発動ス障アルヘシ予曰発動スト雖月破ニアヒソノ上退神ニ化ス障アルトイヘ𪜈フノ力甚薄シ故ニ妨ケサルナ

り

未月丁卯日 同人之革

生涯ノ内官途ニ進ムヿヲ得ルヤヲ占フ

子	▭	戌 化未	應
妻	▬	申	
兄	▬	午	
官	▬	亥	世
子	▬ ▬	丑	
父	▬	卯	

断曰モシ子孫発シテ用神官鬼ヲ克スルヲ以テ論セハ終身官途ニ進テサルナリ然レ𪜈予辰ノ年ニ出身スヘシトス果メ然リ其故何ソヤ戌土退神ニ化スル故克スルヿ能ハス而メ卯日ノ合ニアフ合ハ冲ニアフヲ待ツ故ニ辰ノ年ニ應スルナリ是病アリ醫アルノ法ナリ

○冲處逢合合處逢冲ノ吉凶アル者

午月丙辰日 恒之豫

戌
申
午
酉 化卯
亥 化巳
丑

他ニ行キテ交易スル利アリヤ否ヤヲ占フ

断曰反吟ノ卦不吉ト雖世爻日辰ノ合ニアフ冲中逢合トス而メ卯木世爻ヲ冲スルノミニシテ克スルヿナシ況ヤ変卦亦六合ニシテ妻財戌ノ爻暗動シテ世爻ヲ生ス反覆シテ利ヲ得ヘシ果メ然リ

應　妻
官
子
世　官
父
妻

戌月甲辰日　坤不変

借銀ノ成ル不成ルヲ占フ

世　酉　子
亥　妻
丑　兄
應　卯　官
巳　父
未　兄

断曰應爻空亡ニアヒ又六冲卦ニアフモト成ルヘカラス但月建應爻ニ合シ世爻ヲ生シ日辰世爻ニ合ス冲中

逢合トス先ニ難シト雖後ニ成ルヘシ其人曰前月ユキテ求ルニ貸スヿヲユルサス今再ヒ請フヘキヤ予曰前月ユルサヽルハ六冲ニ現ス今求メハ必得ヘシ逢合ノ故ナリ其人曰何レノ日ヨロシキ予曰甲寅ノ旬ニ入リ應爻卯木空亡ヲ出ツ寅ノ日又妻財ニ合ス甲寅ノ日ニ得ヘシ果メ然リ

寅月戊戌日　巽之訟

銀ヲ失フテ復得ヘキヤ否ヤヲ占フ

断曰六冲卦ニアフト雖用神未ノ妻財回頭生合ニ化ス冲中逢合トス失フテ復得ルノ象或曰應爻白虎ノ官鬼

發動シ妻財玄武ヲ帯フ復得ヘカラス答曰應爻ハ他人ニシテ回頭克ニ化ス而〆冲中逢合ノ卦世爻日辰ノ合ニアフ必得ヘシ其人曰何レノ日ニ得ヘキ答曰原神巳ノ子孫空亡ス其病巳ニアリ乙巳ノ日得ヘシ果〆然リ

辰月丁酉日　否不變

自ラ婚姻ノ吉凶ヲ占フ

戌	▅▅▅		父
		應	
申	▅▅▅		兄
午	▅▅▅		官
卯	▅ ▅		妻
		世	
巳	▅ ▅		官
未	▅▅▅		父

断曰六合卦婚姻最吉トイヘ𪜈世爻日辰ノ冲ニアヒ應爻月破ニアフ合處逢冲トス不吉果〆其月ノ内其人大病ヲ得未ノ月ニ至リ其女病死ス未ノ月ハ世爻妻財𪜈ニ墓ニ入ルノ時ナリ

卯月乙卯日　旅不変

人ト相謀リテ財ヲ得ルコヲ占フ

巳	兄	
未	子	
酉冲	妻	應
申	妻	
午	兄	
辰	子	世

断曰六合ノ卦世應相生ス成ルヘキニ似タリトイヘ𪜈卯ノ月日應ニツキタル妻財ヲ冲スル故得難シトス其人曰明日面談シテ約スヘシト云ヒ來ル成ラサルノ理ナシト果〆次ノ日約ヲ成シ壬戌ノ日ニ後悔還変ス次ノ日約ヲナス八辰ノ日應爻ニ合スルナリ戌ノ日変スルハ世爻冲ニアフ故ナリ是合處逢冲ナリ

午月辛亥日　節不變

師ノ近病ヲ占フ

子	
戌	
申	應
丑	
卯	
巳冲	世

兄　官　父　官　子　妻

断曰六合ノ卦近病ヲ占フニハ必死トス然レ𪜈世爻日辰ノ冲ニアフ合處逢冲トス危シト雖救フヿアリ問テ曰何ヒノ日危ク何レノ日救フヘキ荅曰丑ノ日用神墓ニ入ル危シトス甲寅ノ日用神冲動ス救フヘシ果メ然リ

寅月戊辰日　晋不變

兄ノ近病ヲ占フ

巳	━━━	官	
未	━ ━	父	
酉	━━━	兄	世
卯	━ ━	妻	
巳	━ ━	官	
未	━ ━	父	應

断曰用神酉ノ兄弟日辰ノ合ニアフ近病ニヨロシカラス幸ニ明日卯ノ節ニ入リ冲ニアフ愈ユヘシ果メ然リ

此亦合處逢冲ナリ

未月丁巳日　離之旅

ステニ破談シタル縁約再ヒ調ヒ成ルヘキヤヲ占フ

兄	▅▅▅▅ 世	巳	
子	▅ ▅	未	
妻	▅▅▅▅	酉	
官	▅▅▅▅ 應	亥	
子	▅ ▅	丑	
父	▭	卯	化辰

断曰六冲変ゾ六合トナル散シテ復成リ離レテ復合フノ象又卯木發動シテ世爻ヲ生ス縁談調フヘシ果ゾ次寅ノ年辰ノ月ニ復成ル辰ノ月ニ應スルハ用神酉ノ妻財合ニアフノ時ナリ化出シタル辰ノ爻ハ占フ時ニ現ハレタル機兆ナリ寅ノ年ニ應スルハ應爻暗動シテ冲ニアヒタル者ノ合ニアフノ時ナリ

○長生墓絶ニヨリテ吉凶ヲ断スル者

巳月戊寅日　離之豊

何レノ日財ヲ得ルヲ占

ノ

断曰用神酉ノ妻財安静明日卯ノ日冲ニアフテ得ヘシ兄弟世爻ヲ持シ發動スト雖化〆墓ニ入ル剋スル事能ハサル故ナリ果〆然リ

午月己卯日　震之豊

妻ノ近病ヲ占フ

断曰近病六冲ニアフハ不死世爻日辰ノ合ニアフテ辰ノ爻発動シテコレヲ冲ス次ノ日辰ノ日ニ愈ユヘシ果

メ然リ

寅月戊子日　剥之觀
生産ヲ占フ

寅	━━━		妻
子化巳	✕	世	子
戌	━ ━		父
卯	━ ━		妻
巳	━ ━	應	官
未	━ ━		父

断曰子ノ子孫日辰青龍ヲ帯ヒ発動シテ絶ニ化ス今日巳ノ時生レテ死スヘシ果メ然リコレ吉神絶ニ化シ官鬼ニ化スル故ナリ

十月辛未日　漸之中孚
子ノ病ノ吉凶ヲ占フ

卯	━━━	應	官
巳	━━━		父
未	━ ━		兄
申化丑	□	世	子
午化卯	✕		父
辰化巳	✕		兄

断曰用神申ノ子孫世爻ニツキ丑ニ化シ墓ニ入ル然レ

𪜈日辰コレヲ冲シ又日辰動爻𪜈ニコレヲ生ス今日午ノ時以後愈ユヘシ果メ然リ

辰月甲寅日　屯之震

友ノ父ノ病ヲ占フ

断曰用神申ノ父母絶ニアフテ原神長生ニ化ス絶處逢生トス危ク𪜈救フヘシ但用神回頭克ニ化シ原神月破ニアフ長生ニ化スト雖日辰ノ冲ニアヒ又絶ニアフ故ニ救フヘカラス果メ其日午ノ時ニ死ス

申月丙辰日　既濟之豊

弟ノ病ヲ占フ

兄　官　父　兄　官　子

断曰用神子ノ兄弟空亡ニアヒ墓ニ入ルト雖原神發動シテ貪生忘克ニアフ甲子ノ日用神出空仇神ヲ冲去スルノ日愈ユヘシ果メ然リ

申月癸丑日　損不變

子ノ他國ニ居テ如何ナルヤ何レノ日ニ皈ルヲ占フ

寅	▅▅▅▅	應	官
子	▅▅　▅▅		妻
戌	▅▅　▅▅		兄
丑　申伏	▅▅　▅▅	世	兄
卯	▅▅▅▅		官
巳	▅▅▅▅		父

断曰用神申ノ子孫墓ニ入リ又墓下ニ伏ス恐クハ大難アラン其人曰先日便アリ八月発足スヘシト云故ニ占フ予曰此卦其皈期ヲ断シ难シ其弟來リテ曰我カ姪平安ナリヤ否ヤ因テ又占フ

同日　无妄之頤

妻	▅▅▅▅▅	戌	
官	▭	申化子	
子	▭	午化戌	世
妻	▅▅　▅▅	辰	
兄	▅▅　▅▅	寅空破	
父	▅▅▅▅▅	子	應

斷曰前卦用神不現シテ墓ニ入リ此卦用神出現シテ墓ニ化ス況ヤ原神真破真空ニシテ生助スル者ナク又官鬼月建ヲ持シテ道路ノ爻ニアリテ發動ス皆大不吉トス其人曰昨日口信ヲキク五月中舟ヲ覆シテ溺死スト此便甚明タヽ卦理ヲ推スヿ明白ナルニ驚ク故ニ又試ニ占フノミト

亥月丙寅日　咸之蹇

夫ノ妹ノ病ヲ占フ

▅▅　▅▅	未	應
▅▅▅▅▅	酉	
▭	亥化申	
▅▅▅▅▅	申	世
▅▅　▅▅	午	
▅▅　▅▅	辰	

断曰夫ノ姉妹ハ官鬼ヲ用神トス午ノ官鬼長生ニアフト雖亥水発動シテコレヲ克シ長生ニ化ス必死スヘシ果メ乙亥ノ日死ス乙亥ノ日ハ亥水出空ノ時ナリ

卯月乙未日　困之坎

父	未	▅▅ ▅▅		父
兄	酉	▅▅▅▅▅		兄
子	亥化申	□	應	子
兄	午	▅▅ ▅▅		官
官	辰	▅▅▅▅▅		父
父	寅	▅▅ ▅▅	世	妻

弟婦孃妊シテ病アルニヨリテ平産スルヤヲ占フ

断曰弟ノ妻ハ妻財ヲ用神トス寅ノ妻財墓ニ入ル即現在ノ病ナリ亥水長生ニ化シテ用神ヲ生合ス必平産スヘシ其人何レノ日産スヘキト問答曰亥水申ニ化シ發動シテ世爻ニ合ス明日産スヘシ果メ然リ

巳年巳月丁卯日　旅不変
人ノ悪事ヲ上聞スル二反
テ害ニアフヤ否ヤヲ占フ

巳	━━━	兄	
未	━ ━	子	
酉	━━━	妻	應
申	━━━	妻	
午	━ ━	兄	
辰	━ ━	子	世

断曰應爻酉金モシ卯日ノ冲ニアハスンハ年月ノ長生ニアフヲ以テ論スヘシシカルニ日辰ノ冲ニアフ故ニ年月ニ克セラル丶ヲ以断ス有傷無救彼人ノ勢必衰フヘシ又世爻子孫ヲ持ス必巳ニ害ナシ果ノ然リ

○六冲六合ノ吉凶

酉月壬子日　大壮之泰
姪ノ身ニ障ノ事アルニヨリテサセル害ナキヤヲ占フ

戌	━ ━	兄	
申	━ ━	子	
午（化丑）	□	父	世
辰	━━━	兄	
寅	━━━	官	
子	━━━	妻	應

断曰六冲ノ卦凡ノ事散スルトス又世爻ニツキタル父母日辰ニ冲散セラル必害ナシ其人曰姪我カ方ニ来リシニ厳ニコレヲ責タリシカ人アリテ懇ニ云ヒ宥ムル故ニソレニテ事ヲスマシタリ誠ニ然リ

巳月丁酉日　乾不変

文書何レノ日ニ到ルヘキヲ占フ

戌	━━━ 世	父
申	━━━	兄
午	━━━	官
辰	━━━ 應	父
寅	━━━	妻
子	━━━	子

断曰父母両爻アリテ辰ノ爻空亡ニアフコレヲ用神トス六冲ノ卦ニシテ用神日辰ノ合ニアフ冲中逢合トス辰ノ日到ルヘシ出空ノ時ナレハナリ果〆然リ

午月丙子日　大壮之巽

戌化卯
申化巳
午化未
辰
寅
子化丑

開店ノ吉凶ヲ占フ

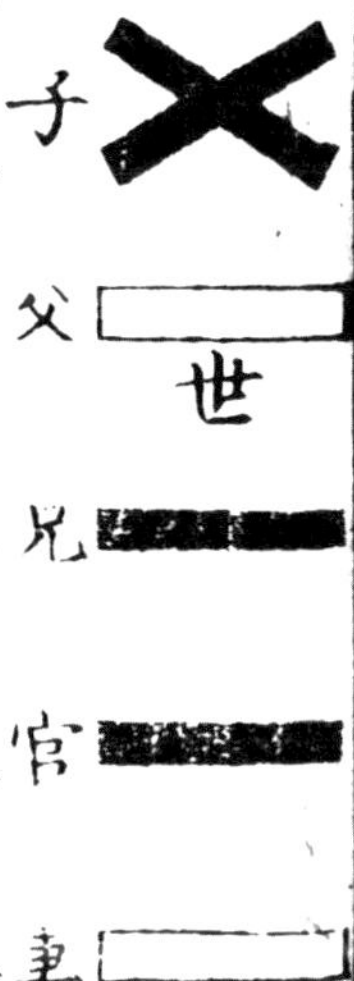

断曰六冲ノ卦六冲ニ變ス開クヘカラス午ノ爻日辰ノ冲ニアフト雖月建ヲ帯ヒ合ニ化スル故ニ今ニアタリテ害ナシ冬月恐クハ変アリ果〆冬ニ至リテ障アリテ止ム

申月乙卯日　巽之坤

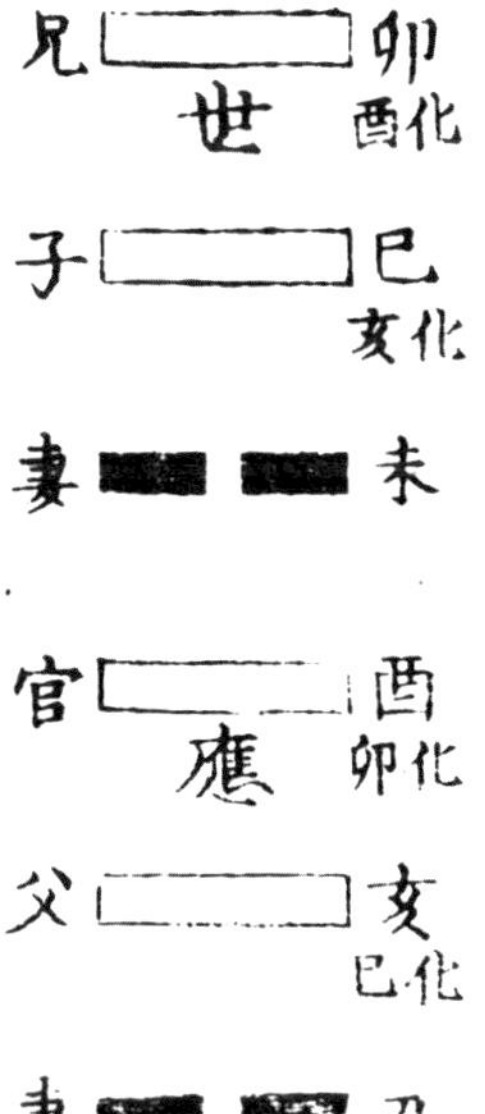

自身并ニ子ドモニ召捕ラルルニヨリテ吉凶ヲ占フ

断曰六冲卦スヘテ散スルヲ主ル但又変〆六冲トナリ内外卦ドモニ反吟ニアフ亂中亂擊トス而〆世爻子孫ドモ

ニ田頭克ニ化ス必凶果〆父子㐂ニ重罪ニ處セラル

未月乙亥日　兌之震

往テ商賣スルニ利益アリヤヲ占フ

未	▅▅ ▅▅ 世	父	
酉化申	▅▅▅▅▅	兄	
亥	▅▅▅▅▅	子	
丑	▅▅ ▅▅ 應	父	
卯化寅	▅▅▅▅▅	妻	
巳	▅▅▅▅▅	官	

断曰六冲卦変〆六冲トナリ又内外卦㐂ニ反吟ニアフ今ニアタリテ世爻月建ヲ帯フ汝ノ意必往クヘシ往カハ損失アルヘシ反吟ノ卦買ハント欲スル代呂物拂底別ノ代呂物ニカヘテノ利益ナシ其人問フ安平ナリヤ否ヤ荅曰兌変〆震トナル冲ノカアリ克ノ能ナシ必無事ナルヘシ果〆其人往テ蒙豆ヲ買フニ其地ニ拂底ナル故ニ改〆ノ棉花ヲ買フテ終ニ損失ススヘテ六冲化シ

テ六冲トナルハ吉象吉爻生合等ニアフモ皆散スルノ兆ナリ

子月己巳日　坤不變

賭ノ勝負ヲ占フ

子	▅▅ ▅▅	世	酉
妻	▅▅ ▅▅		亥
兄	▅▅ ▅▅		丑
官	▅▅ ▅▅	應	卯
父	▅▅ ▅▅		巳
兄	▅▅ ▅▅		未

断曰世ヨリ應ヲ克ス我勝トス但日辰亥ノ妻財ヲ冲シ應ヲ生シテ世ヲ助ケス必負ヘシ幸ニ六冲ノ卦定メテ半途ニシテ散スヘシ負ルト雖多カラス果メ錢ヲ争フニヨリテ久シカラサルニ散ス負ルヿ多カラサルハ空亾ノ妻財應ヲ生スル故ナリ争ニヨリテ散スルハ朱雀妻財ニツキテ暗動スル故ナリ

寅月甲午日　大壯不変
子ノ久病ヲ占フ

戌	▅▅　▅▅	兄	
申	▅▅　▅▅	子	
午	▅▅▅▅▅	父	世
辰	▅▅▅▅▅	兄	
寅	▅▅▅▅▅	官	
子	▅▅▅▅▅	妻	應

断曰久病ノ占六冲ニアフハ即死ス用神申ノ子孫月破ニアヒ又日辰世爻ニツキテコレヲ克ス今日死スヘシ但卦中子ノ爻暗動シテ午火ヲ制ス明日未ノ日子ノ爻制ヲウケ忌神合ニアフ辰ノ時死スヘシ果メ然リ

卯月甲午日　否不變
發足シタル人ヲ追カケテ書簡ヲ託スルニ追ツクヘシヤ否ヤヲ占フ

戌	▅▅▅▅▅	父	應
申	▅▅▅▅▅	兄	
午	▅▅▅▅▅	官	
卯	▅▅　▅▅	妻	世
巳	▅▅　▅▅	官	
未	▅▅　▅▅	父	

断曰六合ノ卦凡ノ事成リ易シ但明日未ノ時清明ノ節ニ入リ辰ノ月建トナルノ時應爻冲ニアフ此時必遠ク去ルヘシ今夕夜トヲシニ追カケナハ遇フヘシ果〆次ノ日ニ舟ヲ出サントスル處ニテ追ツキタリ

巳月甲戌日　復之豫
金ヲ借ルヿヲ占フ

断曰六合ノ卦化シテ六合トナル凡ノ事成リ易シ但文ノ妻財月破ニアヒ酉ノ原神空亾ニアヒ世爻ニツキタル妻財囘頭克ニ化シ又日辰ノ克ニアヒ辰ノ爻暗動ノ克ニアヒ又丑ノ應爻ノ克ニアフ是克スルヿ重々大過

トス借金ノ事ニツキテ不意ノ難ヲ戒ムヘシ其人曰昨日友人ト同道シテ行クヘシト約ス借金ノ事モシト、ノヒ難キカ予曰其友人何タル人ソ其人曰遠方ノ人ナリ予強ヒテコレヲ止ムレ圧従カハスシテ同伴シテ行ク果メ金ヲ借リテ皈ル途中其友人ニ殺害セラル

巳月甲寅日　否之乾

師匠ヲ招キテ子ヲ教ヘシムルヿヲ占フ

戌	━━	應	父
申	━━		兄
午	━━		官
卯化辰	✕	世	妻
巳化寅	✕		官
未化子	✕		父

断曰用神戌ノ應爻父母ヲ持ス學才十分トス但六合化シテ六冲トナル変アリテ久シク遂ケス初爻未ノ父母化シテ子孫トナリ空亡ニアフ父母発動シテ子孫ヲ克

子孫ニ災アルカ果メ午ノ月子水月破ニアフノ時其子死スルニヨリテ師匠ヲ辭シタリ

○三刑ニアフテ凶トスル者

寅月庚申日　家人之離

姪孫ノ病ヲ占フ

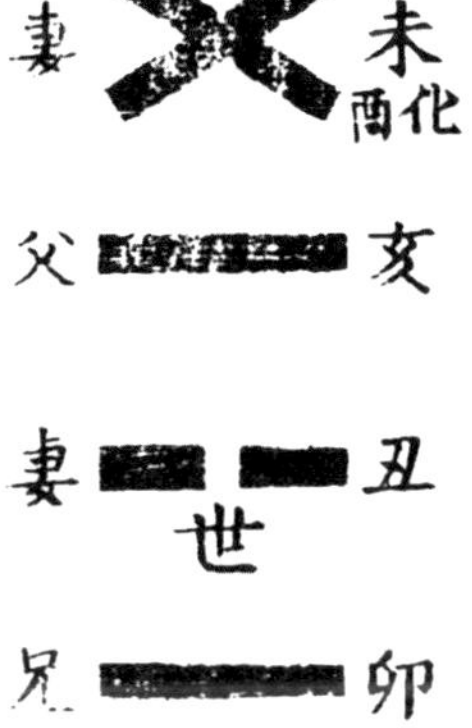

斷曰用神巳ノ子孫月ヨリ生シ日ヨリ合ス治スヘキニ似タリ但月建日辰巳ノ動爻ト三刑ヲナス必危シ果メ寅ノ日寅ノ時ニ死ス

辰月戊午日　離之頤

夫ノ病ヲ占フ

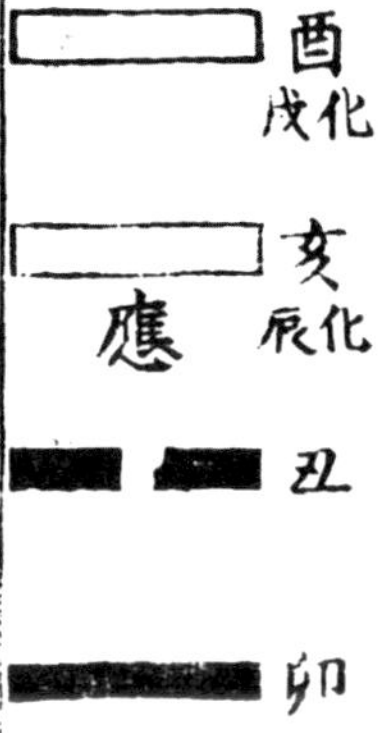

兄　子　妻　官　子　父

断曰用神亥ノ官鬼原神酉金ノ生ヲウク但化シテ墓ニ入リ又月建回頭克ニアフ又月建日辰動爻辰午酉亥ノ自刑皆ソナハル此病即日危シ果メ其日午ノ時死ス

亥月戊戌日　巽之大有

亥ノ近病ヲ占フ

卯　巳化未　未化酉　酉　亥　丑化子

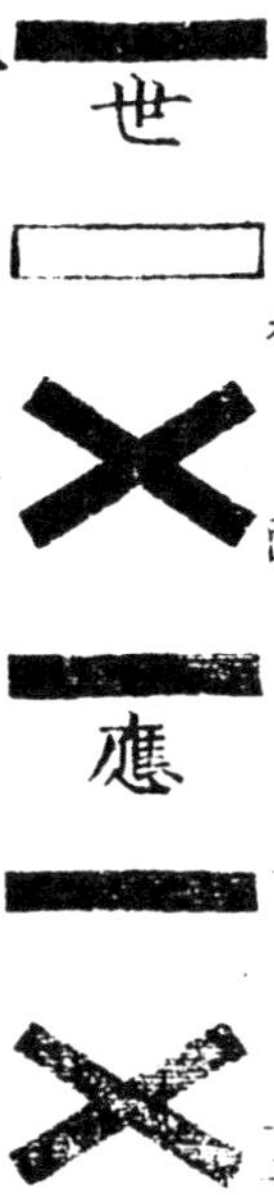

兄　子　妻　官　父　妻

断曰用神未ノ妻財化シテ官鬼トナリ又原神巳ノ爻月破空亡ニアフテ日辰ニ墓ス皆凶而メ丑戌未ノ三刑全クソナハル即日危シ果メ其日未ノ時死ス

戌月庚子日　賁之家人

寅　子化巳　戌　亥　丑　卯

冬中ノ勝手ヲ占フ

官	━━━		
妻	✕		
兄	━ ━	應	
妻	━━━		
兄	━ ━		
官	━ ━	世	

断曰世爻月建ヨリ合シ日辰ヨリ生ス子ノ日子ノ爻世ヲ刑ストイヘ𪜈生スルヲ重シトス是ヲ貪生忘克ト云必吉果〆其冬大利ヲ得タリ

○獨靜獨發ノ驗アル者

午月丙午日　大有之離

徃テ父ヲ尋ルヲ占フ

官	━━━	巳	應
父	━ ━	未	
兄	━━━	酉	
父	━━━	辰	世
妻	□	寅 化丑	
子	━━━	子	

友人易ヲ知ル者此卦ヲ断〆曰寅ノ爻獨発ス正月見得ヘシ予曰用神辰ノ父母世爻ニツキ寅ノ動爻ノ克ヲウ

ク自身動クヿ能ハス父モ見得难シ寅ヲ冲克スル月ニ
身動キテ父モ見得ヘシ其人再ヒ一卦ヲ起ス

同日　革之既濟

▅▅ ▅▅	未	官	
▅▅▅▅▅	酉	父	
▭	亥化申	兄	世
▅▅▅▅▅	亥	兄	
▅▅ ▅▅	丑	官	
▅▅ ▅▅	卯	子	應

断曰此卦正シク前卦ニ同シ前卦寅爻ヲ冲開スル者ハ
申ナリ此卦世爻囬頭生ニアフモ亦申ナリ果メ申ノ年
八月父ヲ見得テ皈ル申ノ年ニ應スルハ前卦忌神ヲ冲
シ後卦父母ニ化出シテ用神世爻ヲ生スルノ時ナリ

申月辛卯日　復不変
家督ヲ得ルヿヲ占フ

▅▅ ▅▅	酉冲	
▅▅ ▅▅	亥	
▅▅ ▅▅	丑	應
▅▅ ▅▅	辰	
▅▅ ▅▅	寅	
▅▅▅▅▅	子	世

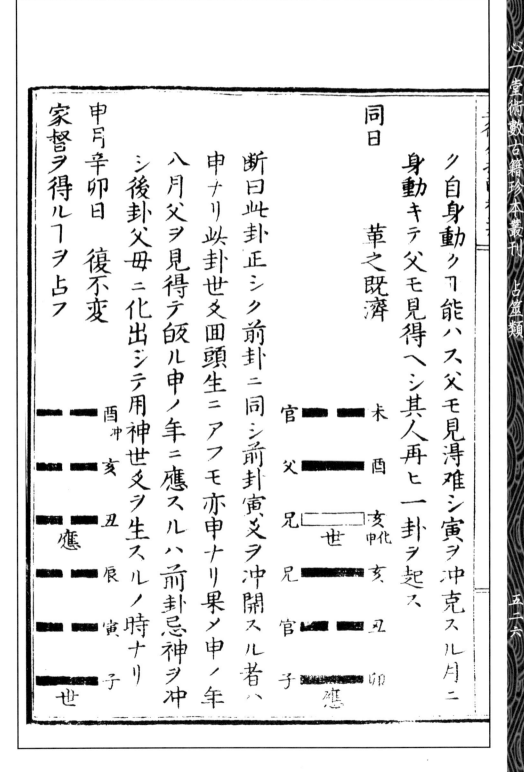

子　才　兄　兄　官　才

其人曰我モト一子アリ騷亂ノ時ニ失フテアル處ヲシラズ今子ナシユク〱子ヲ得ヘキヤ斷曰月建子孫トナリ世爻ヲ生ス子アルノ兆酉ノ子孫暗動獨発シテ世爻ヲ生シ外卦ニアリ失ヒタル子復來ルヘシ問曰何レノ歳見ルヿヲ得ヘキ荅曰明年甲辰ノ歳酉ノ子孫ト合ス必皈ルヘシ果〆然リ此用神獨発冲スル者合ニアフノ年ナリ

午月甲申日　同人之革

雨久シキニヨリテ麥ニ障アルヤヲ占フ

子	▭	戌　化未
	應	
妻	━━━	申
兄	━━━	午
官	━━━　世	亥
子	━　━	丑
父	━━━	卯

一友人問テ曰此卦戌ノ子孫獨発ス丙戌ノ日晴ルヘシシカルニ猶雨フルハ何ソヤ荅曰爻ノ水損ヲ憂ルハ官鬼ナリ子孫獨発シテ世上ノ官鬼ヲ克シ去ルハ憂ルヿ勿レト示スナリ此决シテ爻ニ害ナシ但戌ノ子孫化メ退神トナル憂心ヲ克盡スルヿ能ハス故ニ雨止マス卯ノ日戌ニ合スルノ時ニ晴ルヘシ果メ然リ

寅月庚戌日　未濟之蹇

女ノ子ノ病ヲ占フ

巳 化子	⚊	應	兄
未 化戌	✕		子
酉 化申	⚊		妻
午 化申	✕	世	兄
辰 化午	⚊		子
寅	⚋		父

断曰此卦寅ノ爻獨靜モシ用神ヲ看スンハ寅ノ日ニ死スル生クルヲ知ルヘカラス用神子孫未ハ進神ニ化シ

辰ハ田頭生ニアフ寅ノ日愈ユヘシ果メ然リ

寅月甲辰日　遯之歸妹

父遠方ニ行キタルカ何レノ日ニ皈ルヲ占フ

父	○	戌	戌化
兄	○ 應	申	申化
官	━	午	
兄	○	申	丑化
官	× 世	午	卯化
父	×	辰	巳化

断曰外卦伏吟外ニアリテ憂鬱スルノ象其人問テ曰恙ナシヤ荅曰内卦辰ノ父毋巳ノ田頭生ニ化シ世爻卯木ニ化シテ巳火ヲ生ス害ナシ第四爻午火獨靜五月ニ皈ルヘシ果メ後三四月外ニアリテ兵亂ニアヒ五月ニ皈ル

○盡靜盡發ノ吉凶アル者

午月庚辰日　離不變

巳　未　酉（合空）　亥　丑　卯

僕ヲ近地ニ遣シタルカ何レノ日ニ皈ルヲ占フ

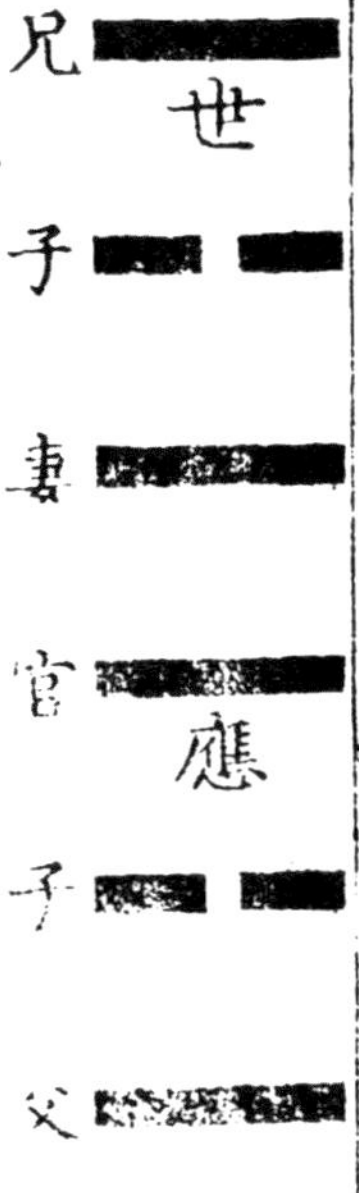

斷曰用神酉ノ妻財月ヨリ克シ日ヨリ生ス生克相敵ス一卦ノ中缺爻空亾ニシテ合ニアフ神機ノ現スル所ナリ空亾ハ出旬ヲ待チ合ハ冲發ヲ待ツ小暑ノ節辛卯ノ日皈ルヘシ果メ然リ此静ニシテ冲ニアヒ合シテ冲ニアヒ空亾ニシテ出空ヲ待ツナリ

辰月己卯日　坤不變

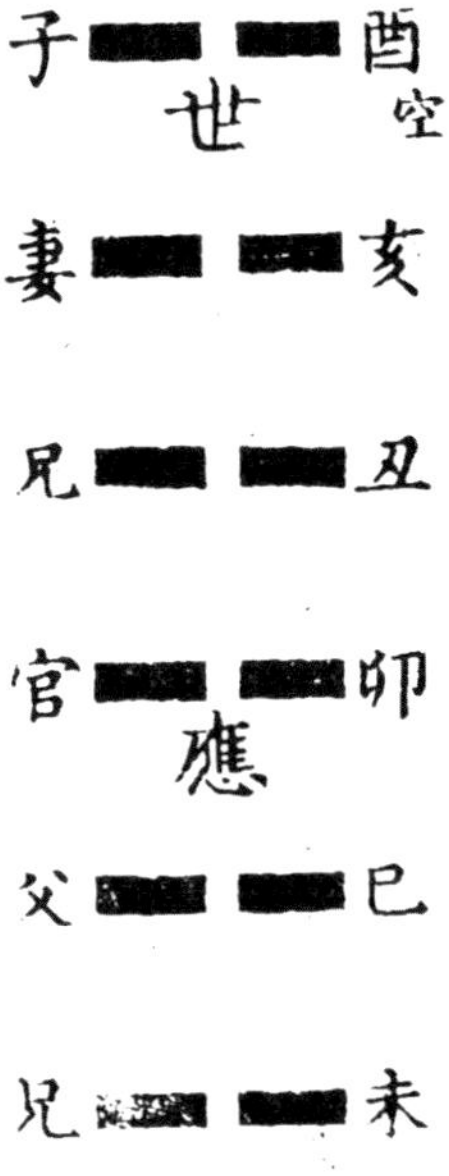

今日人ヨリ金ヲ還スヤヲ占フ

斷曰原神酉ノ子孫安静空亾ニシテ日辰ノ冲ニアフ是

ヲ起卜云又日辰應爻ニツキ世ヲ冲ス今日巳ノ時還ス
ヘシ果〆巳ノ時ニ半分ヲ還シ乙酉ノ日巳ノ時皆濟ス
半分還スモノハ静空ノ冲起シタル故其力半分アルナ
リ乙酉ノ日皆濟スルハ原神日ニ値フテ塡實シ子孫喜
悦之神ニ應スルナリ

子月壬申日　大畜之萃
父亂軍ノ中ニ居テ吉凶如
何ヲ占フ

官	▭		寅 化未
妻	✕	應	子 化酉
兄	✕		戌 化亥
兄	▭		辰 化卯
官	▭	世	寅 化巳
妻	▭		子 化未

斷曰六爻亂動ス即亂軍ノ象ナリ化出スル巳ノ父母ヲ
用神トス月建ノ克ニアヒ原神寅ノ爻又日辰ノ冲克ニ
アフ恐クハ性命ヲ保タス果〆軍中ニ死シテ音信ナシ

辰月甲子日　乾之坤
親ヲ塟ルニヨリテ墓地ヲ占フ

六親	爻	納支	變
父	▭ 世	戌	化酉
兄	▭	申	化亥
官	▭	午	化丑
父	▭ 應	辰	化卯
妻	▭	寅	化巳
子	▭	子	化未

斷曰此卦六冲變ノ六冲トナリ六爻亂動ス其凶細ニ論スルヲ待タス其人曰既ニ其地ヲ決シテ堀ルコヲ企ツ我タヽ後ノ安否ヲ問ハントト欲スルノミ論談ノ間人來リテ曰墓地ノ下大石數ヲシラス穴ヲ堀ルヘキ處ナシ

○用神多ク現レタル者

未月庚子日　小畜不變
財ヲ求ルヲ占フ

六親	爻	納支
兄	━━━	卯
子	━━━	巳空
妻	━ ━ 應	未
妻	━━━	辰空
兄	━━━	寅
父	━━━ 世	子

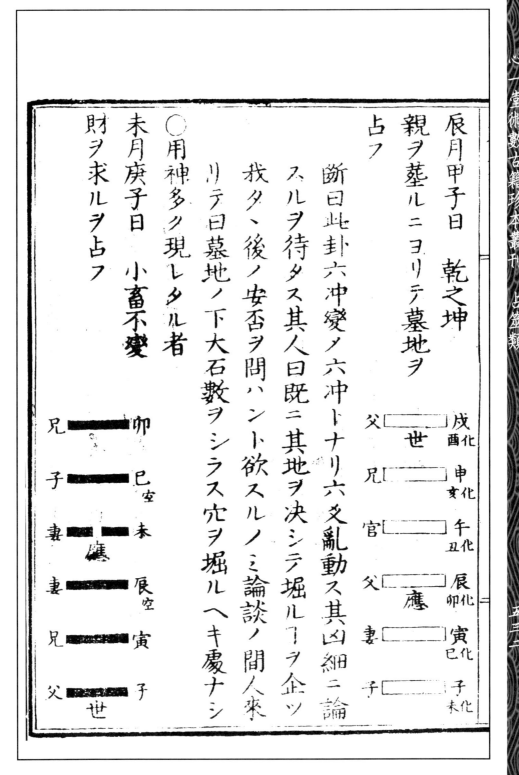

断曰未ノ爻月建ヲ持スルヲ用神トス辰ノ爻空亡ニアフ必其由アリ此月甲辰ノ日得ヘシ果メ其日巳ノ時ニ手ニ入ル是辰ノ爻出空ノ時ナリ不空ヲステヽ空亡ヲ用ルノ法ナリ

亥月丙午日　豫之歸妹

子何レノ日ニ難ヲノカレ出ルヿヲ占フ

戌	⚋	妻	
申	⚋	官	
午	⚊	子	應
卯	⚋	兄	
巳化卯	✕	子破	
未化巳	✕	妻	

断曰卦中ニ子孫三ツアラハル皆世爻ヲ生ス必難ヲ免ルヘシ午ノ子孫日辰ヲ持シテ不動巳ノ子孫両爻ニ月破ニアフ巳ノ手免ルヘシ果ノ然リ是病アルノ爻ヲ用ルノ法ナリ

未月丁丑日　鼎之需

子久ク出テヲルカ何レノ

時ニ皈ルヲ占フ

巳 子化 ━━━ 兄

未 戌化 ╳ 應 子

酉 申化 ━━━ 妻

酉 ━━━ 妻

亥 ━━━ 世 官

丑 子化 ╳ 子

断曰未ノ子孫進神ニ化シ日辰ノ冲ニアヒ丑ノ子孫子ノ合ニ化シ原神巳ノ爻発動シテ用神ヲ生ス子ニ化スルハ回頭克ナル故當時ハ皈ラス午ノ年皈ルヘシ果メ午ノ年午ノ月皈ル午ノ年月ハ未ノ子孫発動シテ冲ニアフ者合ニアフノ時又丑ノ子孫合ニ化スル者冲ニアフノ時又巳ノ爻子水ニ克セラル丶者子水ヲ冲去スルノ時即去煞留恩ナリ

寅月癸亥日　坤之艮

酉 寅化

亥

丑

卯 申化

巳

未

此後子息アルヤヲ占フ

其人曰我子九人アリ皆没ス今一人モナシ此後子アルヘシヤ断曰子孫化シテ官鬼トナリ官鬼化シテ子孫トナル子アルヘカラス果〆子ナシ姪ヲ以テ嗣トス

子	✕	世
妻	⚋	
兄	⚋	
官	✕	應
父	⚋	
兄	⚋	

○占フ者誠心アリ断スル者精明ト雖其問フ所ノ詞ト其内心ト別ナル故ニ驗ナキ者

酉月戊申日　旅之艮

伯父何レノ日ニ皈ルヲ占フ

巳	⚊	兄	
未	⚋	子	
酉 化戌	○	妻	應
申	⚊	妻	
午	⚋	兄	
辰 卯伏	⚋	子	世

此卦モシ伯父平安ナリヤト問ハヽ用神卯ノ父母伏藏

シテ月建日辰動爻ニ冲克セラル必平安ナラスシカル
ニ何レノ時敀ルト問フ故ニ用神伏藏シテ克ヲウク敀
ラスト断ス果メ敀ラス他所ニ井テ平安ナリ

未月癸亥日　艮不変

身ノ上ノナリユキヲ占
フ

寅	⚊	世	官
子	⚋		妻
戌	⚋		兄
申	⚊	應	子
午	⚋		父
辰	⚋		兄

此人仕官ノ望ヲ占フテ身ノ上ヲ占フト告クシカルニ
仕官ハ官鬼ヲ用神トシ其世爻ニツクヲ喜フ身ノ上ハ
官鬼ヲ禍トシ世ニツクヲ忌ム予此理ヲ以テ告ク其人
曰人ニタノミテ仕官ヲ望ムナリヨツテ断曰官鬼世爻
ニツキ日辰ノ生合ニアフ成ルヘシ果メ壬申ノ日ニ挙

書到來ス申ノ日ニ應スルハ日辰ノ合ニアフタル者冲ニアフノ時ナリモシ身ノ上ノ占ヲ以テ判断セハ大ニアヤマルヘシ

子月乙酉日　需不変

現在ツトメヲル役ノ無事ナルヤヲ占フ

子	戌	申	辰	寅	子
⚋	⚊	⚋ 世	⚊	⚊	⚊ 應
妻	兄	子	兄	官	妻

此人他ニ轉スルヲ不便トナスニヨリテ今ヲル所ノ役ノ平安無事ナルヤヲ以テ問トスシカルニ今ヲル所ノ役ヲ問フハ子孫世ニツクハ必役ヲヤムルトスモシ他ノ役ニ轉スルヲ占フハ子孫世ニツクハ轉スルヿナシ予コレヲ問ヒタヽス其人曰轉役ヲ占フナリヨツテノ断

曰必轉役セス果メ轉セスシテ其役ヲツトメテ無事ナリキ

午月辛丑日　益之无妄

商人其母ノ病ニヨリテ身ノ上ノナリユキヲ占フ

商人タル者身ノ上ヲ占フハ妻財ヲ要トス此卦辰ノ妻財旺相シ世爻ニツキ未ノ妻財田頭生合ニ化ス必吉利アリト断ス其人曰我老母病アルニヨリテ來リテ占フナリ安否何如予曰身ノ上母ノ病ト大ニ異ナリ又断曰甲辰ノ日甚危シ果メ其日没ス是辰ノ空亡世爻ニツキタルカ空ヲ出ルノ時ナリ

午月辛酉日　萃之遯

仕官ヲ占フ

六親	爻	納支	世應
父	✕	未化戌	
兄	━━	酉	應
子	━━	亥	
妻	✕	卯化申	
官	━ ━	巳	世
父	━ ━	未	

此人十二歳其父コレニ命シテ其後ノ官途ヲ占ハシムモシ官鬼世爻ニツキ旺相シ父母文章ノ爻進神ニ化スルヲ以テ断セハ仕官発達スヘシシカルニ其父コレニ命シテ占ハシムモト父ノ誠心ニシテ父タル人其子ノ事ヲ占フナリ未ノ爻発動シテ用神亥ノ子孫ヲ克ス卯ノ爻發動スト雖父母ヲ克スルコト能ハス是ヲ父動克子トス果タ此子未ノ月戌ノ日ニ没ス

五行易指南巻九終

五行易指南卷十

虎門　敷山子　述

新增占驗釋義

予卜筮ノ說ヲ講スルヿ久シト雖納甲飛伏ノ法ニ至リテハ其說ヲ推スヿ僅ニ數年ニ過キス其間誤リ斷シテ時日及ヒ事ノ曲折ニ驗ナキ者甚多シ而メ驗アル者亦少カラス今初學ノ為ニ其法ノ錯綜シテ驗ヲ得ル者ノ一二ヲ舉テ其義ヲ釋スルヿ左ノ如シ其常格一道ニシテ錯綜変化ナキ者ハ其驗ヲ得ルノ義舉テ論說スルヲ待タス故ニ今コヽニ載セス又誤リ斷シテ其驗ナキ者ニ至リテハモト

ヨリ學者ノ為ニ論スルニ足ラス故ニ亦コヽニ載セス唯其錯綜変化シテ驗アル者ヲ舉ルハ專ラ講究ヲタスクル為ノミ觀ル者其長ニ誇リテ其短ヲ掩フトスルコ勿レ

卯建戊子日　萃之咸

暴風甚キニヨリテ何レノ時刻ニ止ムヘキヲ占

未 ━━ ━━ 父
酉 ━━━━━ 兄 應
亥 ━━━━━ 子
卯化申 ✕ 妻
巳 ━━ ━━ 官 世
未 ━━ ━━ 父

斷日用神巳ノ官鬼悪風物ヲ害スルハ官鬼ヲ用神トス月ヨリ生シ日ヨリ克シ生克相敵ス但原神卯ノ爻發動シテ絶ニ化シ回頭克ニ化ス申ノ時ヨリ風漸ク衰ヘ戌ノ時ニ全ク歇ムヘシ果メ然リ申ノ時ヨリ衰フルハ原神克ニアヒ絶ニ

アフ故ナリ戌ノ時歇ム八用神墓ニ入リ原神合住ニア
フ故ナリ

午建庚子日　屯之坤

久シク旱スルニヨリテ
何レノ日雨フルヲ占フ

兄	▅▅ ▅▅	子	
官	▭	戌 化亥	應
父	▅▅ ▅▅	申	
官	▅▅ ▅▅	辰	
子	▅▅ ▅▅	寅	世
兄	▭	子 化未	

断曰用神申ノ父母安静ニシテ月ヨリ克スト雖原神発動シテコレヲ生シ忌神伏藏シテ動カス仇神日辰ヲ帯ヒテ忌神ヲ冲起スト雖月破ニアヒ且回頭克ニアフ今日ヲ過テ必雨アルヘシ果メ明日辛丑ノ日少ク雨アリ壬寅ノ日大雨癸卯ノ日ニ至リテヤマス丑ノ日雨フルハ仇神ヲ合起スル故伏藏スル忌神冲起セサル故ナリ

寅ノ日甚シキハ用神ヲ冲スル故ナリ卯ノ日ヤヽサルハ原神ヲ克スト雖合住スル故ニ其カヲ專ラニセサル故ナリ且連日雨アルハ坤ノ大象ナリ

午建戊申日　履之乾

明日ノ天氣ヲ占フ

戌	⚊	兄	
申	⚊	子	世
午	⚊	父	
丑化辰	✕	兄	
卯	⚊	官	應
巳	⚊	父	

断曰子ノ妻財月破伏藏ト雖飛神日辰ヲ持シテコレヲ長生ス晴トスヘキニ似タリ但午ノ父母月建ヲ持シ原神卯ノ官鬼空亡ト雖明日酉ノ日日辰ノ冲起ニアフ必雨アルヘシ又兄弟獨発シテ進神ニ化ス密雲ノ象果ノ終日小雨アリ是雨甚シカラサルハ原神空亡ナル故ナ

リ

子建甲午日　家人之賁

妻ノ産スル日ヲ占フ

卯　兄
巳　化子　子　應
未　妻
亥　父
丑　妻　世
卯　兄

断曰巳ノ子孫空亡ニアヒ發動シテ回頭克ニ化シ白虎ヲ帯フ白虎ヲ血神トス速ニ産スヘシ原神旺相シテ安静丁酉ノ日巳ノ時生ルヘシ果メ然リ酉ノ日ニ應スルハ原神冲ニアフノ時巳ノ時ハ用神子孫其時ニアヒタルナリ

亥建癸酉日　巽之升

賴母子何レノ時ニ取得

卯　化酉　世
巳　化亥
未
酉　應
亥
丑

へキヲ占フ

兄　子　妻　官　父　妻

断曰用神丑未ノ両爻安静ニシテ日月ノ生扶ナク世爻ヨリコレヲ克シ且六冲卦ニシテ外卦又反吟ニアヒ世爻日辰ノ冲克ニアヒ原神亦月ヨリ克シ月破ニアヒ克ニ化シ冲ニ化シ空ヒニ化ス百凶アリテ一吉ナシ其何レノ時ニ得ルヲシラス果メ両三月ニシテ故アリテ潰レ止ミタリ是卦身ヲ事ノ体トスルノ験ナリ

申建丁未日　大過之蹇

未	⚋	妻	
酉	⚊	官	
亥化申	□	父	世
酉	⚊	官	
亥化午	□	父	
丑	⚋	妻	應

旅行ヲ占フ

断曰出行ヲ占フテ游魂ノ卦ヲ得又世爻発動ス游歴ス

ルヿ遂クヘシト雖變ノ蹇トナル多難ノ象世爻父母ヲ帯ヒ日ヨリ克ス辛苦ノ兆又忌神両爻一ハ日辰ヲ持シ一ハ暗動ス皆凶但月ヨリ生シ又回頭生ニアフ死ニ至ラストスルノミ果メ危難ニアフヿ屢ニシテ皈リ其出タルヿヲ後悔スルモ亦大過ノ大象ナリ

亥建癸酉日　外之明夷

婦人其夫ヲ離レヲリテ暇ヲ乞フテ去状出ルノ時ヲ占フ

酉	▅▅　▅▅	官	
亥	▅▅　▅▅	父	
丑	▅▅　▅▅	妻	世
酉	▅▅▅▅▅	官	
亥化丑	〇	父	
丑化卯	✕	妻	應

断曰酉ノ官鬼上下両爻ニ日辰ヲ持シ卦身ニツキ妻財ノ爻又凡三現ス爾ノ夫既ニ妻ヲ迎ヘタルトス而メ文書ノ爻生旺発動スト雖回頭克ニアヒ又動爻ニ克セ

ラル卯ノ年官鬼ヲ冲シ文書ノ忌神ヲ克スルノ時ニ至
ラスンハ去状ヲ出スマシ後其婦人イマタ去状ヲウケ
スシテ子ノ年ニ死ス終ニ去状ヲウケサルハ明夷ニ変
スルノ義ナリ

子建巳丑日　履之未濟

婚姻ノ整フ整ハサルヲ占
フ

戌	▬▬▬		兄
申 化未	▭	世	子
午	▬▬▬		父
丑	▬ ▬		兄
卯	▬▬▬	應	官
巳 化寅	▭		父

断曰用神子ノ妻財伏藏スト雖月建ヲ持シテ世下ニア
リ凶ニアラス但兄弟日辰ヲ持シテ用神ト合ス此女必
情男アルヘシ果メ縁約定マリタル後ニ其女出テ男子
ノ家ニ奔リテ囬ラス是約成リテ婚姻ニ至ラサルハ履

未濟ニ変スルノ義ナリ世爻空亾ニ化スルハ後悔スルノ兆父母発動シテ世爻ニ合スルハ其父母我ニ嫁スルヿヲ許スノ象ナリ

未建辛酉日　姤之乾

父ノ近病ヲ占フ

戌	━━━	父	
申	━━━	兄	
午	━━━	官	應
酉	━━━	兄	
亥	━━━	子	
丑 化子	✕	父	世

斷曰卦六冲ニ変シ爻六合ニ化ス冲處逢合トス近病ノ占冲ニ利シク合ニ不利又用神丑ノ父母空亾ニアヒ且月破ニアフ皆大凶ノ兆但忌神寅ノ爻伏藏不動シテ日ヨリ克ス暫時保ツヘシ果メ甲子ノ日死ス甲子ノ日ニ應スルハ用神空ヲ出テ忌神ノ飛爻空亾ニアヒ忌神日

辰ノ助ヲ得テ提抜スルノ時ナリ
酉建癸未日　離之夬
從妹ノ近病ヲ占フ

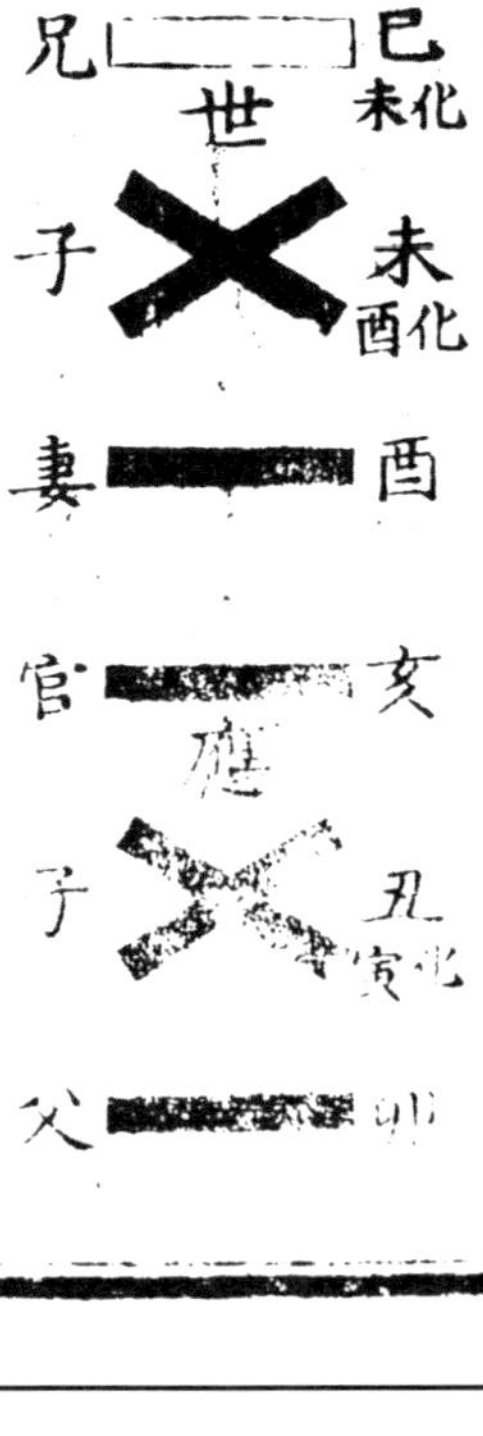

断曰近病六冲ニアフハ不死用神巳ノ兄弟化シテ日辰トナリ丑ノ子孫日冲動散スト雖化ノ原神トナル速ニ愈ヘシ果メ然リ

酉建己丑日　同人不變
勤番ニ居テ在所ノ同役交替ニ來ルノ日ヲ占フ

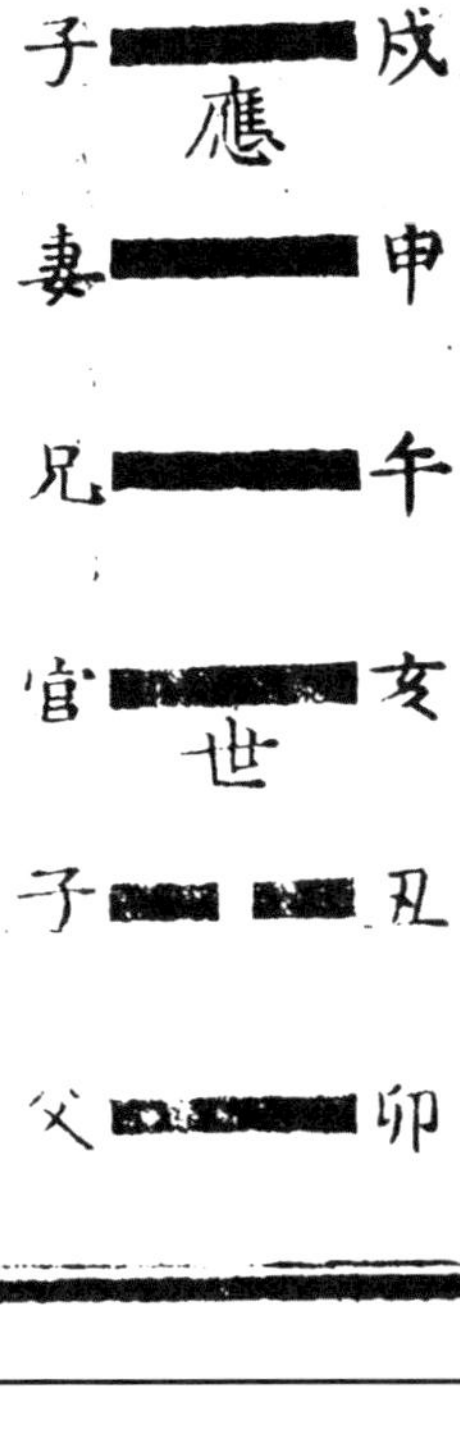

断曰皈魂ノ卦安靜ニシテ日辰ノ冲ナシ其人家ニ居テノ

出サルノ象用神午ノ兄弟休囚安静空亡ニシテ月日ノ生合ナク原神卯ノ爻月破ニアヒ又世爻ヨリ用神ヲ克ス必來ラス果メ來ラサル間自身病ニアフテ其人ヲ待タスシテ皈レリ病ニヨリテ皈ルハ忌神白虎ヲ帯ヒ日辰ヲ持シテ卦中ニアラハルヽ故ナリ

亥建戊寅日　震之隨
妻ノ孕ミタルヤ否ヤヲ占ノ

兄	□		戌化未
子	━━━	世	申
父	━━━		午
兄	━ ━		丑
官	□	應	卯化寅
父	━━━		巳

断曰世爻子孫青龍ヲ帯ヒ空亡ト雖日辰ノ冲ニアフ又胎爻卯木発動シテ日辰ニ化ス必孕メリ果メ明年三月男子ヲ生メリ

卯歳卯建庚子日　噬嗑之頤
仕官ノ吉凶ヲ占フ

爻	地支	六親	世應
━━━	巳	子	
━　━	未	妻	世
○	酉　化戌	官	
━　━	辰	妻	
━　━	寅	兄	應
━━━	子	父	

断曰用神酉ノ官鬼発動シ歳君月建ノ冲ニアヒ世爻亦休囚ニアフ不吉但用神田頭生ニ化シ世爻亦安静幸ニ官ヲ黜ケラレ或ハ禍アルヿナシ後果〆同役ノ為ニ妨ケラレ志ヲ遂ケス同役ノ障アルハ寅ノ兄弟應爻ニツキ歳月日ノ生扶ヲ得テ世爻ヲ克スル故ナリ且物ニヘタテアルハ噬嗑ノ卦ノ大象ナリ

亥建癸亥日　觀之渙
病ニヨリテ醫ヲ占フ

爻	地支	世應
━━━	卯	
━━━	巳	
━　━	未	世
━　━	卯	
×	巳　化辰	
━　━	未	應

妻　官　父　妻　官　父

断曰用神未ノ應爻日月ノ助ナシト雖克害ニアハス而メ官鬼發動シテ絶ニアヒ克ニアヒ冲ニアフ子孫空亾伏藏スト雖日辰月建皆子孫ヲ持ス必愈ユヘシ果メ巳ノ日全ク愈ユ

卯建癸亥日　无妄之同人

戌	━━━		妻
申	━━━		官
午	━━━	世	子
辰化亥	✕		妻
寅	━ ━		兄
子	━━━	應	父

病人アリテ急ニ醫ヲ迎ルヿ再ニ及ヘ圧來ラサルニヨリテ當日ノ内ニ來ルヤヲ占フ

断曰六冲ノ卦戌ノ爻月建ノ合ニアヒ寅ノ爻日辰ノ合ニアフ冲處逢合トス又用神子ノ應爻日辰相比シテ世

爻ヲ克ス皆來ルヘキノ象ト雖用神空亡ニアヒ間爻発動シテコレヲ克ス必阻テ障ルヿアリ明日子ノ日出空ニアフテ來ルヘシシカルニ其日申ノ刻ニ其醫來リテ云日中將ニ出ントスルノ寸婦人臨產ニ危急ノ病アリトテ強テ迎ヘラルヽニヨリテ甚時ヲ過セリト是始ノ待ツ寸ニ來ラスシテ待タサル寸ニ來ルハ无妄ノ同人ニ変スルノ義ナリ妻財間爻ニアリテ發動シテ應爻ヲ克スルハ臨產ノ婦人ナリ変出シテ日辰ニ臨ミ世爻ヲ克スルハ當日ニ來ルノ兆申ノ刻ハ用神長生ニアフノ時ナリ

酉建辛酉日　同人之家人

戌　申　午化未　亥　丑　卯

姪ノ遠ク出タルカ何レノ日ニ皈ルヲ占フ

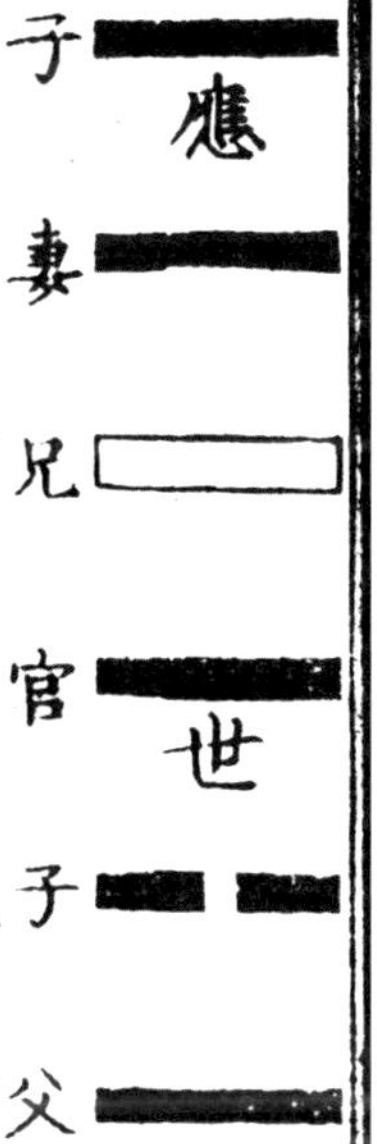

断日用神丑ノ子孫空亡ニアフト雖原神午ノ兄弟發動シテコレヲ生シ卯ノ父母暗動シ原神ヲ生ス貪生忘克トス且皈魂ノ卦ニアフ速ニ皈ルヘシ旬ヲ出テ冲ニアフノ時未ノ日帰ランシカルニ巳ノ日皈ル是変出スル未ノ爻用神ヲ冲スル故ニ未ノ日ヲ得タスシテ生スルノ時ニ應スルナリ

午建癸巳日　益之乾

婚姻ノ整フ整ハサルヲ占フ

斷曰外卦反吟內卦又伏吟ニアヒ妻財空亡ニシテ又空亡ニ化シ又変シテ六冲卦トナル成ルヘカラサルニ似タリ但世爻妻財旺ニ月日ノ生ニアヒ妻財又月建ニ化シ原神巳ノ爻日辰ヲ帯ヒ又変メ六冲卦トナルト雖午未ノ合アリ妻財空亡ト雖旺相発動シテ生合ニ化ス難シト雖必成ルヘシ果メ反覆往來シテ丙申ノ日終ニ約ヲナス申ノ日ニ應スルハ妻財世爻旺ニ長生ニアヒ原神合ニアヒ忌神冲ニアフノ時ナリ

巳建庚戌日　乾之大有

九月ニ人ヨリ遣ス金アリ約ヲ失ハサルヤヲ占フ

戌	━━━	世	父
申（化未）	▭		兄
午	━━━		官
辰	━━━	應	父
寅	━━━		妻
子	━━━		子

断曰六冲ノ卦凶ト雖用神空亡ニアフ却テ吉忌神申ノ兄弟妻財ヲ冲動シ世爻月ヨリ生シ日辰ヲ持シ應爻亦月ヨリ生シ安静ニシテ日辰ノ冲ニアフ但冲ニアフテ克ニアハス必約ヲ失ハス果メ然リ

酉建丙寅日　大過之姤

家ヲ買フテ移ラントスルニ前ニ住タル人退カス何レノ日ニ其人去リテ移ルヘキヲ占フ

未化戌	✕	妻	
酉	━━━	官	
亥	━━━	父	世
酉	━━━	官	
亥	━━━	父	
丑	━ ━	妻	應

断曰父母ヲ家宅トス此卦父母世爻ニツキ月ヨリ生シ日ヨリ合ス但空亡ニアフ出空ヲ待ツヘシ又未ノ妻財應爻ヲ冲シ進神ニ化ス代金ヲ遣スノ象コレ亦空亡ニ

化ス出空ヲ待ツヘシ果メ甲戌ノ日金ヲ送リ乙亥ノ日轉居ス

午建丁巳日　睽之履

僕ヲ尋ルニ何レノ日ニ歸ヘキヲ占フ

巳	━━━		父
未化申	✕		兄
酉	━━━	世	子
丑	━ ━		兄
卯	━━━		官
巳	━━━	應	父

断曰用神子ノ妻財未ノ兄弟ノ下ニ伏藏シ月破ニアヒ絶ニアヒ空亡ニアフテ発動ス午ノ月ヲ出テ丑ノ日來ルヘシ果メ然リ丑ノ日ニ應スルハ用神空ヲ出テ飛神冲ニアフノ時ナリ或曰此卦用神月破休囚伏藏シ且飛神强盛ニシテ伏神提抜スヘカラス且睽ハソムキ離ルルノ象故ニ此卦終ニ得スト断スヘシシカルニ終ニ得

ルハ何ソヤ荅曰空亾伏藏ハ現在傑ナキノ象應爻旺相シテ日辰ヲ持シ世爻亦長生ニアヒ用神ヲ生ス終ニ得ヘキノ兆且変ノ履トナル履ヲ尊卑相從ノ大象トス故ニ得ルトスルナリ

辰建乙巳日　臨之損

梨樹ヲ移シ栽ヘテ枯レサルヤヲ占フ

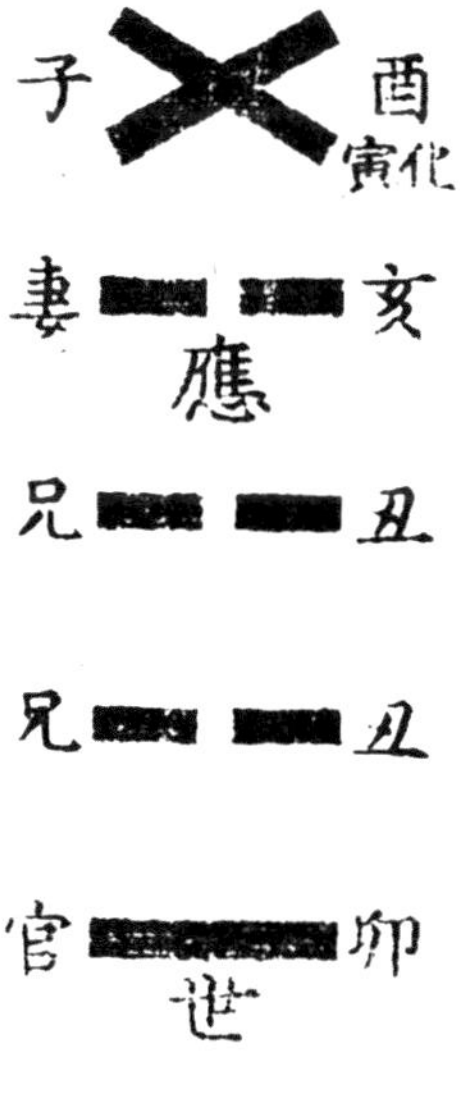

断曰用神酉ノ子孫発動シテ絶ニ化スト雖月ヨリ生合シ日ヨリ長生ス決シテ枯レス果〆ヨク繁茂スシカルニ後両三年友人アリテ強テ乞フテ抜キ去ル是世爻空亾ニシテ用神コレヲ冲シ用神発動シテ應爻ニ合スル

故ナリ

戌建乙未日　大過之解

子ノ竊ニ持去リタル金ヲ取カヘスヿナルヤヲ占フ

六親	爻	地支	世應
妻	▅▅　▅▅	未	
官	▭	酉 化申	
父	▅▅▅▅▅	亥	世
官	▭	酉 化午	
父	▅▅▅▅▅	亥	
妻	▅▅　▅▅	丑	應

断曰未ノ妻財日辰ヲ持シ他ノ制克ナク世爻ヲ克ス得ヘキニ似タリ但世爻日月ノ克ニアヒ世爻ノ原神酉ノ爻内外両爻氏ニ發動スト雖一ハ退神ニ化シ一ハ回頭克ニ化ス是其身取カヘスノカナシ且変出スル午ノ子孫妻財ニ合シ日辰亦コレニ合ス是妻財日辰ヲ持シテ出現スト雖我ニ情ナク彼ニ情アリ決シテ得ヘカラス

果〆然リ

申建己丑日　无妄之随
婦人何レノ時ニ來ルヘキヲ占フ

戌 化未	○		妻
申	⚊		官
午	⚊	世	子
辰	⚋		妻
寅	⚋		兄
子	⚊	應	父

断曰卦六冲ニアフト雖應爻日辰ノ合ニアヒ変出ノ爻世爻ニ合ス冲處逢合トス且用神戌ノ妻財発動シ世爻空亡ニアフ必速ニ來ルヘシ果〆圖ラサルニ壬辰ノ日來ル是亦无妄ノ義ナリ或曰用神発動スト雖退神ニ化シ空亡ニ化ス來ルヘキノ兆ニアラス荅曰退神ニ化スト雖世爻ニ合シ空亡ニ化スト雖日辰ニ冲起セラル故ニ寅卯ノ克ヲ避ケテ辰ノ日ニ來ルナリ

巳建己酉日　節之中孚

子 化卯 戌　申　丑　卯　巳

僕ヲ買フヲ占フ

兄	✕	
官	▅▅▅	
父	▅ ▅	世
官	▅ ▅	
子	▅▅▅	
妻	▅ ▅	應

断曰用神巳ノ妻財世爻ニツキ月建ヲ持ス凶ニアラス但六合ノ卦原神卯木日辰ノ冲ニアフ合處逢冲トス始吉ニシテ終凶ノ象且忌神子水発動シテ日ヨリ生ス亥子ノ月必支故アルヘシ果メ亥ノ月ニモトヨリ借タル夜具等ヲ持シテ竊ニ逃レ去ル亥ノ月ニ應スルハ用神冲ニアヒ忌神令ヲ得ルノ時ナリ

申建己酉日　泰不変

酉	▅ ▅	子	應
亥	▅ ▅	妻	
丑	▅ ▅	兄	
辰	▅▅▅	兄	世
寅	▅▅▅	官	
子	▅▅▅	妻	

父ノ久病ヲ占フ

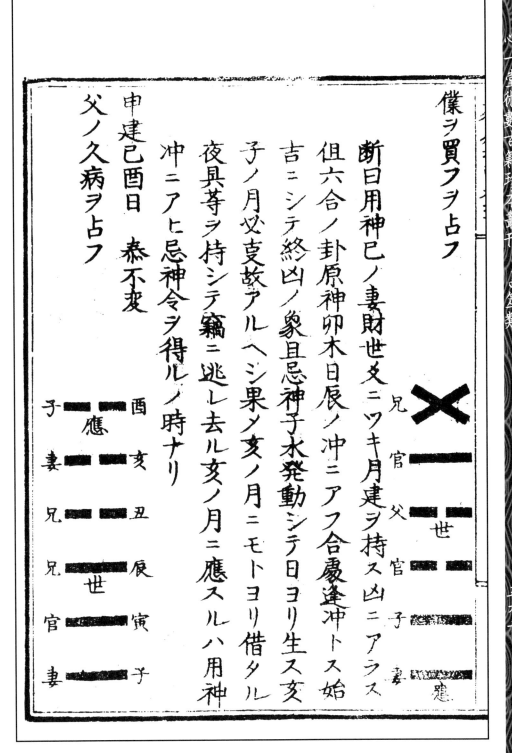

断曰久病六合ニアフハ必愈ユ寅ノ官鬼月建ノ冲ニアフ合處逢冲トスト雖空亾ニアヒ用神巳ノ父母月建ノ合ニアフ故ニ妨ナシ但原神日ヨリ克シ又月破ニアヒ又空亾ニアフテ忌神亥ノ爻月日ヨリ生ス亥子ノ月病益甚シク寅卯ノ月ヨリ漸々ニ減シ巳ノ月全ク愈ユヘシ果メ然リ

丑建辛亥日　大壯之豐

門弟ヲ家内ニ養ヒヲクㄱ

占フ

戌	▅▅ ▅▅	兄	
申	▅▅ ▅▅	子	
午	▅▅▅▅▅	父	世
辰	▅▅▅▅▅	兄	
寅 化丑	□	官	
子	▅▅▅▅▅	妻	應

断曰六冲ノ卦寅ノ爻日辰ノ合ニアヒ子ノ爻月建ノ合ニアフ冲處逢合トスシカルニ子ノ爻ハ世ヲ冲克シ寅

ノ爻、用神ヲ冲ス月日コレニ合スルハ吉ニアラス且官鬼空亡ニアフト雖日辰ノ生合ヲ得テ發動ス寅ノ月ニ至リテ必事故アルヘシ果メ正月ニ其家ノ婢ト私スルヲ以テコレヲ追ヒ出セリ其婢ト私スルハ官鬼化メ兄弟トナリ玄武ヲ帯ヒテ子ノ妻財ト合スル故ナリ是神爻逢合ヲ吉トスト雖忌神ヲ生合スルハ留聯害命ノ類ニテ甚凶トスルナリ

巳歳未建辛卯日　旅之賁

壽命ヲ占フ

巳	▅▅▅▅	兄
未	▅▅　▅▅	子
酉化戌	○ 應	妻
申	▅▅▅▅	妻
午	▅▅　▅▅	兄
辰化卯	✕ 世	子

此人年六十余絶ヘテ病ナク又長生ヲ貪ルノ心ナシ命

數何レノ歳ニ盡ルヲ問フ断曰六合ノ卦六合ニ化シ世爻子孫ヲ持ス明ニ現在壽ヲ保チ病ナキノ象但世爻旺相スト雖日辰ノ克ニアヒ又回頭克ニ化ス酉ノ爻発動シ日辰ノ冲ニアフ合處逢冲トス又化シテ日辰ノ合ニアヒ世爻ヲ冲スシカレトモ官鬼休囚伏藏安静決シテ病ナシ果シテ七年ヲ過キ乙亥ノ歳十月誤リテ跌キ仆レタルニヨリテ數日ニシテ終ニ死ス亥ノ年月ニ應スルハ忌神ヲ長生シ原神ヲ冲克シテ官鬼提抜スルノ時ナリ不意ニ身ヲ害スルハ合處逢冲ノ故ナリ

辰建巳酉日　井之巽

明日ノ天氣ヲ占フ

父　妻　官　官　父　妻

断曰子ノ父母發動シテ月ヨリ克シ日ヨリ生ス明日庚戌ニ至レハ又日ヨリ克ス必雨ナシ又化シテ兄弟トナリ日辰ノ冲ニアフ明日ニ至レハ又合ニアフ必風アラン果メ前夜ニ雨アリテ其日朝微雨終ニ晴レテ午ノ時ヨリ風アリ其朝微雨アルハ父母衰弱ト雖発動シツノ上原神申酉ノ二爻寅卯ノ時ノ冲ニアフ故父母ヲ生スルナリ風アルハ卯ノ兄弟日辰ノ冲ニアヒタルモノ歟日ニ至リテ合ニアフ故ナリ

午建癸丑日　頤之剥

雇フテ遠方ヘ遣シタル人

▅▅▅▅ 寅
▅▅ ▅▅ 子
▅▅ ▅▅ 戌　世
▅▅ ▅▅ 辰
▅▅ ▅▅ 寅
▭ 子化未　應

何レノ日ニ皈ルヲ占フ

兄　父　妻　妻　兄　父

断曰用神子ノ應爻月破ニアヒ日辰ヨリ合シ化シテ月建ノ合ニアヒ日辰ノ冲ニアフ丙午ノ日來ルヘシ果メ然リ午ノ日ニ應スルハ日辰ノ合ニアフタル子水空亡ニ入リテ冲ニアフノ時化シテ冲ニアフタル未土合ニアフノ時ナリ

午建癸卯日　乾之中孚

人ヨリ遣スヘキ金アリ何レノ日手ニ入ルヲ占フ

戌	━━━	父	世
申	━━━	兄	
午化未	□	官	
辰化丑	□	父	應
寅	━━━	妻	
子	━━━	子	

断曰六冲ノ卦應爻空亡ニシテ退神ニ化ス又午ノ宮鬼月建ヲ持シ日ヨリ生シテ合ニ化ス冲處逢合トス吉ニ

似タリト雖変出スル未ノ爻変出スル丑ノ爻ト相冲ニ逢合ノ内又逢冲トス必反覆轉変シテ或ハ和合シ或ハソムキ逆ヒ終ニ得ヘカラス果ソ然リ

巳建巳酉日　復之謙

子ノ病ニヨリテ藥方ヲ占フ

断曰用神酉ノ子孫日辰ヲ持シ原神発動シテコレヲ生合シ官鬼安静ニシテ父母亦伏藏ス此恙必效アルヘシ但辰子ノ両爻發動シ変出スル申ノ爻ト三合シテ水局ヲ成シ官鬼ヲ生ス後必再發セン果ソ此藥ヲ服スル了數十日ニシテ其病全ク愈ヘ冬月ニ至リテ再發ス冬月

再發スルハ水局時令ヲ得空亾ノ亥水官鬼ヲ合起スル故ナリ且再発スルハ復ノ卦ノ大象ナリ

酉建辛巳日　艮之噬嗑

遠方ヨリ得ヘキ金アリ何レノ日到ルヲ占フ

断曰用神子ノ妻財月ヨリ生シテ世爻ヲ生ス但日辰ニ絶シ戌ノ動爻ノ克ニアフヲ凶トス然レ氏忌神化シテ原神トナリ原神申ノ爻空亾ト雖辰戌二爻ヨリ生ス且変出スル子ノ爻動爻辰申ノ二爻ト三合シ用神局ヲ成ス申ノ爻今ニアタリテ空亾ナル故出空ノ時ニ來ルヘシ果メ丙申ノ日到ル

酉建丙辰日　頤之同人
小児ヲ他ニ託シヲキタル
カ何レノ日ニ來ルヲ占フ

寅	━━━	兄	
子化申	✕	父	
戌化午	✕	妻	世
辰化亥	✕	妻	
寅	━ ━	兄	
子	━ ━	父	應

斷曰游魂ノ卦変メ皈魂トナル速ニ家ニ皈ルノ兆又用神変出スル午ノ子孫発動シテ世爻ヲ生ス但変出スル申ノ爻動爻子辰ノ二爻ト三合メ水局ヲ成シ用神ヲ克スト雖子ノ爻空亡ナル故其力弱シ庚申ノ日來ルヘシ果メ然リ申ノ日ニ應スルハ寅ノ爻冲動ニアフテ変出スル午ノ爻及ヒ世爻ニツキタル戌ノ爻ト三合シテ用神ヲナス故ナリ

酉建庚午日　萃之革

未
酉
亥
卯化亥
巳
未化卯

母ノ久病ヲ占フ

断曰用神未ノ父母卦身ニツキ日辰ノ生合ヲ得ルト雖忌神発動シテ長生ニ化シ原神安静ニシテ又亥卯未三合會局シテ忌神ヲナス皆不吉ノ兆果メ戌ノ月戊子ノ日死ス戌ノ月ニ應スルハ忌神月破ヲ出テ合ニアフノ月ナリ戊子ノ日ニ應スルハ亥水空亡ヲ出テ忌神ヲ生シ原神ヲ克シ又用神空亡ニ入ルノ時ナリ且久病ヲ占フテ死ヲ免レサルハ華ノ大象ナリ

午建丙午日　恒之鼎

人ニ借シタル金何レノ日

ニ還スヲ占フ

妻　官　子　官　父　妻

断曰用神戌ノ妻財発動シテ世爻ヲ生シ月日ヨリ生ス庚戌ノ日還スヘシシカルニ辛亥ノ日ニ還ス是戌ノ爻巳ノ絶ニ化スル故ニ巳ヲ冲スルノ日ニ應スルナリ

丑建丙寅日　解之乾

人ヨリ還スヘキ金アリ何レノ日手ニ入ルヲ占フ

父 妻	✕	戌化戌
官	✕ 應	申化申
子	⚊	午
子	✕	午化辰
妻	⚊ 世	辰
兄	✕	寅化子

断曰外卦伏吟應爻又日辰ノ冲ニアフテ動散ス彼人憂鬱呻吟辛苦労動スルノ象寅午戌三合ノ原神局ヲ成シ用神発動シテ世爻ヲ冲スト雖空亾ニアヒ又日ヨリ克シ又伏吟ニアフ但午ノ子孫日辰及ヒ動爻ノ生ヲ得テ

用神ニ化ス辰ノ日ニ還スヘシ果メ庚辰ノ日其半分ヲ還ス辰ノ日ニ應スルハ用神戌ノ爻空亡ヲ出テ冲ニアフノ時又原神化シテ用神トナルノ時ナリ半分ヲ還スハ用神空亡ニアヒ日ヨリ克スル故ナリ其餘ノ半分ハ終ニ還サス是伏吟ニシテ又六冲卦トナル故終ニ散スルナリ

辰建甲寅日　謙之旅

フロシキヲ失フタルヲ占フ

兄	✕	酉	化巳
子	‐ ‐ 世	亥	
父	✕	丑	化酉
兄	—	申	
官	‐ ‐ 應	午	
父	‐ ‐	辰	

断曰世爻日辰ノ合ニアヒ官鬼安靜必盜マレタルニアラス用神丑ノ父母空亡ニアフト雖發動シテ世爻ヲ克

又後必見得ヘシ又申ノ兄弟暗動シ又巳酉丑三合メ兄弟局ヲ成シ皆世爻ヲ生ス必兄弟従兄弟等ノ處ニアリ
果メ其姉ノ所ニアリ

酉建辛酉日　艮之巽
父ノ音書何レノ日ニ達スルヲ占フ

断曰用神午ノ父母發動スト雖回頭克ニ化シ絶ニ化ス忌神化シテ用神トナル戌亥空亡ノ時午火ヲ生スルノ時丙寅丁卯ノ日達スヘシ果メ丁卯ノ日達ス

卯建乙亥日　渙之中孚
枇杷樹ヲ移シ來リテ栽ル

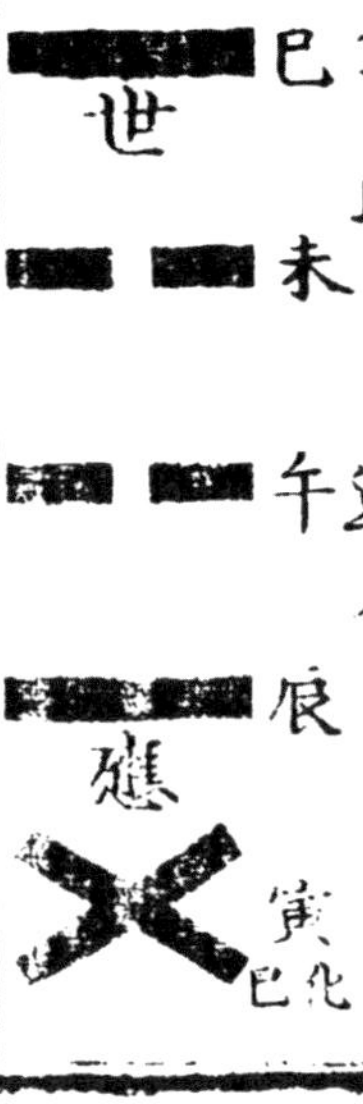

父　兄　子　兄　子　父

ニ枯レサルヤヲ占フ

断曰用神辰ノ子孫卦身ニツキ休囚安静ニシテ月建動爻ノ克ニアフ原神巳ノ兄弟暗動シテコレヲ生スト雖日辰ノ冲ニアヒ忌神寅ノ父母発動シテ日辰ノ合ニアフ是留煞害命ノ類ナリ必枯ルヘシ果メ其冬ヨリ衰ヘテ戌ノ年ニ終ニ枯レタリ戌ノ年ハ用神冲ニアヒ原神墓ニ入ルノ時ナリ

戌建壬辰日　益之家人

土中ニ金ヲ埋タリト傳ルニヨリテ果メ有ルヤヲ占フ

卯　兄
巳　子　應
未　妻
辰化亥　妻　世
寅　兄
子　父

断曰應爻ヲ土中トス兄弟ヲ持シ白虎ヲ帯ヒ休囚ニア

フ金ナキノ象世爻日辰ヲ持スルハコレヲ堀出サント欲スルナリ然レ𪜈化シテ父母トナリ月日ヨリ克ス[illegible]シテ功ナシ又世下ニ伏藏スル官鬼日辰及ヒ飛神ノ合ニアフテ発動シテ應爻ヲ冲ス堀ラントシテ疑ヒ迷ヒ或ハ憂ヒ懼ル、ノ兆トス然レ𪜈未ノ妻財空亡ニアフテ月日動爻ノ生扶ナク巳ノ子孫亦休囚安静皆金ヲ得ルノ理ナシ其人終ニ堀ラス後他人其所ヲコトヽク堀タレ𪜈絶ヘテ金ナカリシ

戌建辛亥日　謙不変

僕ノ其家ニ皈リタルカ再來ルヤヲ占フ

酉	▅▅ ▅▅		兄
亥	▅▅ ▅▅	世	子
丑	▅▅ ▅▅		父
申	▅▅▅▅▅		兄
午　伏卯	▅▅ ▅▅	應	官　伏妻
辰	▅▅ ▅▅		父

断曰用神卯ノ妻財伏藏空亡ト雖日ヨリ長生シ月ヨリ合ス又世爻日辰ヲ持シテ用神ヲ提抜ス必皈リ來ルヘシ亥ノ月辛酉ノ日求〆スシテ來ラン果〆然リ是用神空亡ヲ出テ冲ニアヒ飛神休囚シ世爻時令ヲ得ルノ時ナリ且求〆スシテ自ラ至ルハ謙ノ大象ナリ

子建乙巳日　无妄之乾

子ノ病ヲ占フ

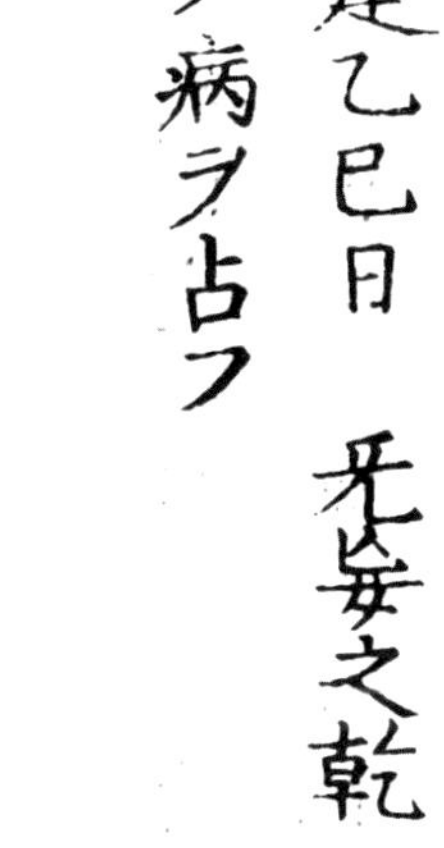

断曰六冲ノ卦六冲ニ化シ且内卦伏吟用神月破原神安静皆大凶ノ兆用神日辰ヨリ比シ世爻ニツクノ吉アリ𪜈此諸件ニ敵スルヿ能ハス果〆其日戌ノ刻死ス用神

墓ニ入ルノ時ナリ

戌建庚寅日　損之噬嗑

入札我カ手ニ落ルヤヲ占フ

寅	▅▅▅ 應	官
子	▅ ▅	妻
戌化酉	✕	兄
丑	▅ ▅ 世	兄
卯化寅	○	官
巳	▅▅▅	父

断曰世爻日ヨリ克シ又動爻ヨリ克ス應爻日辰ヲ持シテ世爻ヲ克ス必得ヘカラス果メ他人ノ手ニ落タリ後又傳ヘ聞クニ其札ヲ落シタル者札ヲ開ク役人ニ賄シテ姦計アリテ得タリト是官鬼兄弟発動シテ相合スルノ象ナリ

未建甲子日　中孚不變

妻ノ其父母ノ家ニユキタル

卯	▅▅▅
巳	▅▅▅
未	▅ ▅ 世
丑	▅ ▅
卯	▅▅▅
巳	▅▅▅ 應

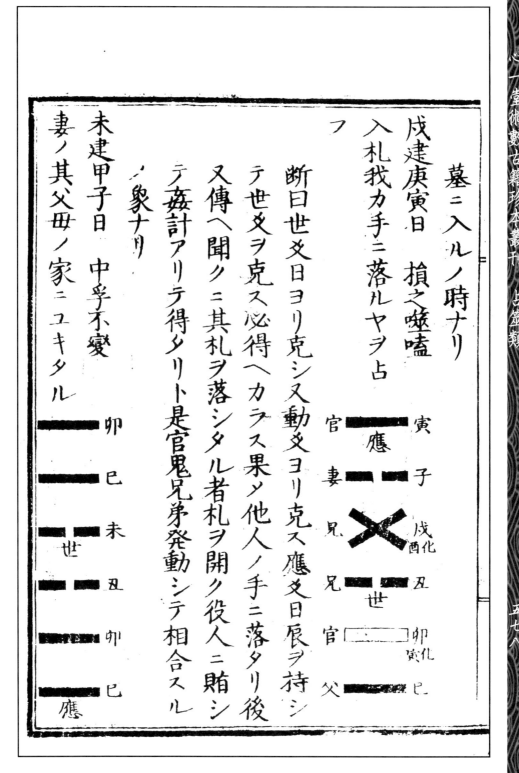

官　父　兄　兄　官　父

カ何レノ日癒ルヲ占フ

断曰用神子ノ妻財日辰ヲ持スト雖伏藏シテ飛神ニ絶シ原神亦丑ノ兄弟ノ下ニ伏藏シテ丑ノ爻日辰ヨリ合起シ妻財ヲ合住ス寅ノ日丑ノ飛神ヲ克シ原神ヲ冲起スルノ日癒ルヘシ果メ然リ

未建壬午日　剥不変

門弟ノ兄弟病甚重シト聞ニヨリテ占フ

寅	━━━━━		妻
子	━━ ━━	世	子
戌	━━ ━━		父
卯	━━ ━━		妻
巳	━━ ━━	應	官
未	━━ ━━		父

断曰用神子ノ子孫（門人ハ子孫ヲ用神トス門人ノ兄モ兄弟父母等ノ称ナキ寸ハ門人ノ類トナス故子孫ヲ用神トス）休囚暗動シテ月ヨリ克シ他ノ救フ者ナシ原神申ノ兄弟空亡伏藏シ日ヨリ克スツノ上月建忌

神ニ臨ミ又日辰忌神ニ合シ用神ヲ冲ス是ヲ留煞害命ト云決シテ凶果ソ其日未ノ刻死ス

寅建乙亥日　革之既濟

妻ノ今年ノ身命ヲ占フ

未	▅▅ ▅▅	官	
酉	▅▅▅▅▅	父	
亥化申	□	兄	世
亥	▅▅▅▅▅	兄	
丑	▅▅ ▅▅	官	
卯	▅▅▅▅▅	子	應

断曰用神午ノ妻財兄弟ノ下ニ伏藏シテ飛神ニ絶ス飛神日辰ヲ持シ月建ノ合ニアヒ他ノ冲克ナキ故伏神提抜シ難シ又世爻兄弟ヲ持シ日辰ヲ帯ヒ長生ニ化シテ用神ヲ克ス原神卯ノ爻旺相スト雖発動セサル故用神ヲ救ハス皆大凶トス果ソ其年十月ニ敗ソテ他ニ嫁シ十一月痘瘡ニテ死ス亥ノ月敗ソ嫁スルハ世爻時令ヲ

得テ用神冲ニアフノ月ナリ且敗マルヿアルハ華ノ大
象ナリ

未建甲寅日　比不変

何レノ時彼地ニユクヿナ
ルヘキヲ占フ

子	戌	申	卯	巳	未
妻	兄	子	官	父	兄
	應		世		

断曰旅行ヲ占フテ皈魂ノ卦ヲ得又世爻勾陳ヲ帯ヒ安
静忌神暗動シテコレヲ制ス皆行クヿ能ハサルノ兆今
年壬申ノ歳歳君忌神ニ臨ム故ニ申酉空亡ニアフノ歳
寅卯ニアタル時ニ至ラスンハ決シテ行カス果メ然リ

酉建丁卯日　恒不變

懐妊ノ婦人自ラ其産スル

戌	申	午	酉	亥	丑
應			世		

日ヲ占フ

妻　官　子　官　父　妻

婦人孕ミテ七八ヶ月何レノ月日産スヘキヲ問フ断曰
世爻月建ヲ持シテ暗動ス數月ヲ持タス明日戊辰ノ日
生ルヘシ但世爻官鬼ヲ持シ子孫白虎ヲ帯ヒ戌ノ爻青
龍ヲ帯ヒテ空亡ニアフ恐クハ吉ニアラス果タ戊辰ノ
日戌ノ刻小産シ死胎ヲ生メリ辰ノ日ニ應スルハ世爻
冲ニアフ者合ニアヒ戌ノ青龍日辰ノ合ニアフ者冲ニ
アフテ世爻ヲ生スルノ時ナリ

辰建巳丑日　未濟不變

妻ノ孕ミタルヤ否ヤヲ占フ

巳	▅▅▅▅▅		兄
未	▅▅　▅▅	應	子
酉	▅▅▅▅▅		妻
午	▅▅　▅▅	世	兄
辰	▅▅▅▅▅		子
卯	▅▅　▅▅		父

断曰妻財青龍ヲ帯ヒ月建ノ合ニアヒ子孫丙爻一八月建ヲ持シ一ハ空亡ニシテ冲ニアフコレヲ起ト云又午ノ胎爻空亡ニアフト雖世爻ニツク皆孕ムヿアルノ兆果メ然リ

巳建己未日　大過不変

妻ノ産スル日ヲ占フ

未	▅▅ ▅▅		妻
酉	▅▅▅▅▅		官
亥	▅▅▅▅▅	世	父
酉	▅▅▅▅▅		官
亥	▅▅▅▅▅		父
丑	▅▅ ▅▅	應	妻

断曰午ノ子孫青龍胎爻ヲ持シ世爻ノ下ニ伏藏シ旺相シテ飛神ニ絶ス已巳ノ日生ルヘシ果メ然リ巳ノ日ニ應スルハ飛神ヲ冲去シ妻財ヲ生スルノ時ナリ

亥歳未建癸酉日　小過之謙

戌	
申	
午	化戌
申	
午	
辰	

數年ノ内ニ役ニアリツクヤヲ占フ

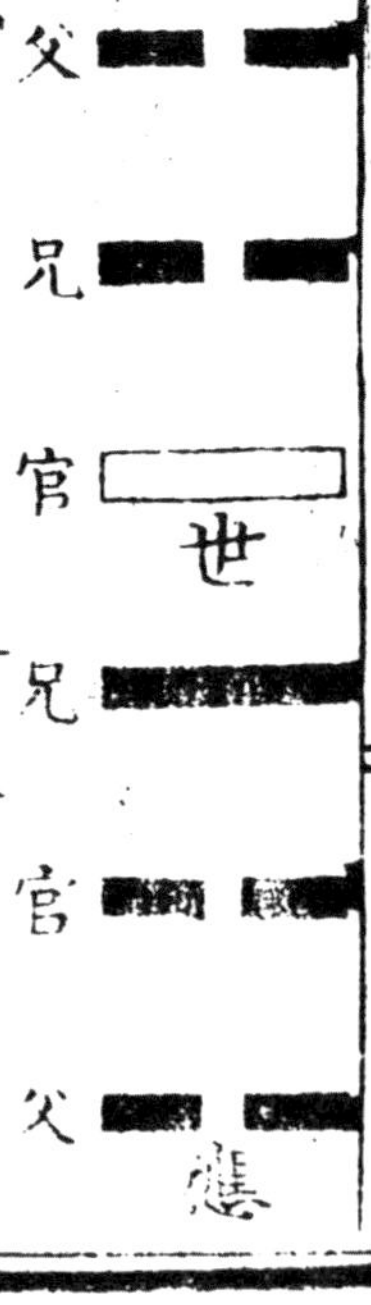

斷曰用神午ノ官鬼世爻卦身ニツキ月建ノ合ニアフ吉トスヘキニ似タリ但空亡ニ化シ墓ニ化シ又原神休囚伏藏シ忌神歳君ヲ持シテ世下ニ伏ス皆得難キノ兆シカルニ後丁卯ノ歳其望ム所ニアラスシテ他ノ國ニ呼ヒ出サレテ仕官ス是第二爻ノ官鬼亦卦身ニツキテ原神ソノ下ニ伏藏シテ日辰ノ冲ニアフ故ニ其年ニアタリテ應スルナリ

子建癸卯日　大壯之升

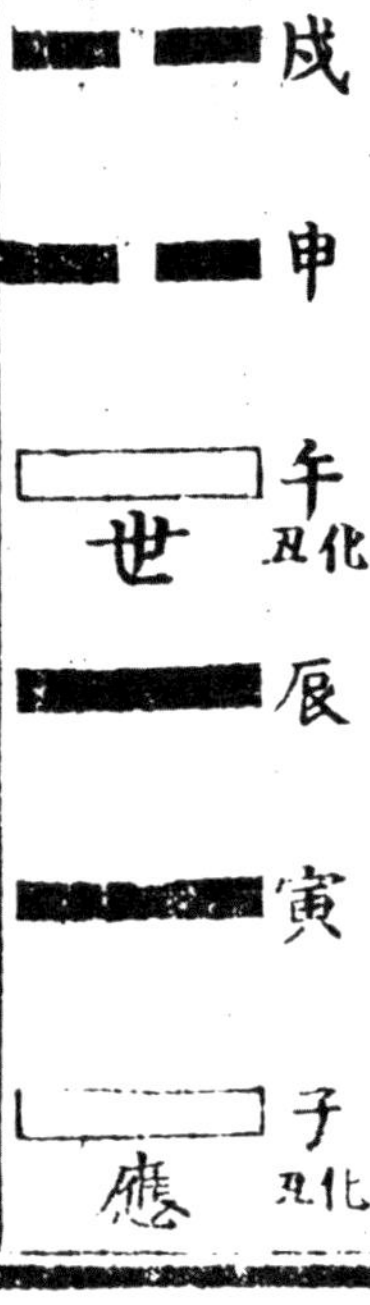

待人何レノ日來ルヲ占フ

兄　子　父　兄　官　妻

断曰六冲ノ卦應爻月建ヲ持シ發動シテ合ニ化ス冲處逢合トス又午火世爻ニツキ用神ヲ冲シ化シテ用神ニ合ス戊午ノ日來ルヘシ果ノ然リ午ノ日ニ應スルハ午火月破ナル故日ヨリ生スト雖其力弱ク用神ヲ冲開スルヿ能ハス其日ニアフテ子水ヲ冲スル故ナリ

午建丙申日　訟不変

待人今日來ルヤヲ占フ

戌	━━━	子	
申	━━━	妻	
午	━━━	兄	世
午	━ ━	兄	
辰	━━━	子	
寅	━ ━	父	應

断曰用神寅ノ應爻暗動獨発シテ世爻ヲ生シ他ノ制克ナシ今日必來ラン但第三爻午ノ兄弟世爻ト同クシテ

世應ノ間ニアリテコレヲ隔ツ其人或ハ他ニユキ隙ト
リテ此方ヘ來ルヿ能ハサルカシカルニ其日他出ノ後
ニ來リテ終ニ面會セスコレ間爻ノヘタテアル故ナリ
且來ルト雖遇ハサルハ訟ノ卦ノ大象ナリ

午建戌戊日　既濟不変
鍈ヲ失ヒタルヲ占フ

子	⚋	應	兄
戌	⚊		官
申	⚋		父
亥	⚊	世	兄
丑	⚋		官
卯	⚊		子

断曰用神午ノ妻財月建ヲ持シ世爻ノ下ニ伏藏シテ墓
ニ入ル必我ノ家ニアリ持佛堂燈明架ナトヲ尋ヌヘシ
果メ神燈ヲ奉ル架上ニアリ是用神離宮ニアリテ午火
ニ屬スル故ニ火ニ近キ處トシ又第三爻ヲ牀架或ハ祠

堂ナト、スル故ナリ且用神内卦世爻ノ下ニアリテ安静ニシテ墓ニ入ル故ニ官鬼日辰ヲ持スト雖盗マレタルニアラストスルナリ

申建戊申日　升之井

銅ヲ堀ルコトヲ企テヲルカ終ニ遂ケテ益アルヤヲ占フ

酉	▅▅ ▅▅	官	
亥化戌	✕	父	
丑	▅▅ ▅▅	妻	世
酉	▅▅▅▅▅	官	
亥	▅▅▅▅▅	父	
丑	▅▅ ▅▅	妻	應

断曰妻財両爻一ハ世ニツキ一ハ應ニツキ倶ニ長生ニアフト雖官鬼両爻尽ニ権アリテ強クシテ子孫伏藏シテ提拔セス又動爻ヨリコレヲ克ス労シテ功ナシ其人曰既ニ友人ト組合テ数多ノ元手ヲ費ヤス半途ニシテ廢スルコト甚憾ムヘシ予強テコレヲ止ム其人予カ説ニヨリ

テ半途ニシテ止ム其友人ハ又他ノ人ヲ相手トシテ其事ヲ遂ケントセシニ其後山小屋火災ニカヽリ道具食料等皆焼失シ其他種々ノ事アリテ重子テ大ニ金銀ヲ費シ年月ヲ經テ元手ツヽキカヌルトテ終ニ止ミコレマテノ費ハ終ニ無益トナレリト

未建戌辰日　解之坎

僕ヲ養フヿヲ占フ

妻	▅▅　▅▅	戌	
官	╳ 應	申	化戌
子	▭	午	化申
子	▅▅　▅▅	午	
妻	▅▅▅▅ 世	辰	
父	▅▅　▅▅	寅	

断曰用神戌ノ妻財空亡ニシテ日ヨリ冲スコレヲ起ト云且世爻ト冲シ又六冲卦ニ変ス必久シカラス但子孫發動シテ官鬼ヲ制シ世爻ヲ生シ世爻又日辰ヲ持スス

ヘテ害アルヿナシ果〆數日ノ後其同郷ヨリ來リ居ル
親族大病ナルニヨリテ代人ヲ出シテ退キ去ル

辰建丙子日　比之謙

妻	▅▅ ▅▅ 應	子	
兄	▭	戌	化亥
子	▅▅ ▅▅	申	
官	✕ 世	卯	化申
父	▅▅ ▅▅	巳	
兄	▅▅ ▅▅	未	

母ノ近地ニ往キタルカ何レノ日ニ皈ルヲ占フ

斷曰皈魂ノ卦皈ルヿ必近シ用神巳ノ父母旺相安静月ヨリ生シ日ヨリ克シ動爻ヨリ生ス但原神發動シ日ヨリ生シテ絶ニ化シ空ニ化ス戌ノ爻発動シテコレニ合ス故ニ其生スルノカヲ専ラニセス癸卯ノ日皈ルヘシ果〆然リ是原神日ニアフノ時動爻月破ニアフ者合ニアフテ合任スルノ時ナリ且速ニ來ルハ比ノ大象ナリ

午建戊申日　大畜之艮

両三日中ニ來ルヲ約シタル人果ノ來ルヤ否ヲ占フ

寅	━━━		官
子	━ ━	應	妻
戌	━ ━		兄
辰	━━━		兄
寅化午	□	世	官
子化辰	□		妻

斷曰用神子ノ應爻長生ニアヒ世爻ヲ生シ世爻又空亡ニアフ來ルヘキニ似タリト雖應爻月破ニアヒ世爻日辰ヨリ冲シ化シテ應爻ト冲ス且六冲卦ニ変ス必來ラス但初爻子ノ妻財應爻ニ同シクシテ発動ス必其故アリ果ノ其日夜ニ入リテ其妻ヲ遣シテ事ス〻其人來ラス是六冲ニ変シテ散スル故ナリ且トヽマリテ進マス背キテアハサルハ大畜ノ艮ニ変スルノ義ナリ

丑建壬戌日　明夷之謙

酉　亥　丑　亥　丑　卯化辰

待人來ルヤ否ヤヲ占フ

父	▅▅ ▅▅	
兄	▅▅ ▅▅	
官	▅▅ ▅▅	世
兄	▅▅▅▅▅	
官	▅▅ ▅▅	
子	▭	應

断曰游魂ノ卦用神卯ノ應爻発動シテ世爻ヲ克シ世爻空亡ニアフ速ニ來ルヘシ其人又何レノ日ニ來ルヘキヲ問フ荅曰卯ノ爻発動シテ日辰ニ合住セラレ化シテ日辰ノ冲ニアフ今日必來ラン果ノ數刻ヲ過キサル間ニ來ル

寅建壬辰日　巽之蒙

兄	▅▅▅▅▅	卯	世
子	▭	巳 化子	
妻	▅▅ ▅▅	未	
官	▭	酉 化午	應
父	▅▅▅▅▅	亥	
妻	▅▅ ▅▅	丑	

婚姻ノ吉凶ヲ占フ

断曰六冲ノ卦妻財空亡ニアヒ官鬼発動シテ世爻ヲ克

シ化シテ空亡ニ入リ妻財ニ合ス子孫亦回頭克ニアフ皆凶兆果メ既ニ娶リ數日ニシテ其女重病ヲウケ辰ノ月ニ至リテ漸ク愈ヘ即逃レ去ル辰ノ月ハ世爻休囚ニアヒ應爻官鬼生ニアヒ妻財生旺スルノ時ナリ逃レ去ルハ應ニ合スル故ナリ

五行易指南卷十 大尾

文政四辛巳年五月

數學書院藏版

東京市京橋區南傳馬町二丁目五番地

賣捌　目黒十郎支店

仙臺市國分町

書肆　有千閣